마음을 열어주는 101가지 이야기 **3**

A 3rd Serving of Chicken Soup for the Soul
101 More Stories To Open The Heart And Rekindle The Spirit

by Jack Canfield and Mark Victor Hansen

마음을 열어주는 101가지 이야기 **3**

잭 캔필드 · 마크 빅터 한센
류시화 옮김

이레
도서출판

잠시 후면

잠시 후면 당신은
손을 잡는 것과 영혼을 묶는 것의 차이를 배울 것이다.
사랑이 기대는 것이 아니고,
함께 있는 것이 안전을 보장하기 위함이 아니라는 걸
당신은 배울 것이다.
잠시 후면 당신은
입맞춤이 계약이 아니고, 선물이 약속이 아님을
배우기 시작할 것이다.
그리고 잠시 후면 당신은 어린아이의 슬픔이 아니라
어른의 기품을 갖고서
얼굴을 똑바로 들고
눈을 크게 뜬 채로
인생의 실패를 받아들이기 시작할 것이다.
그리고 당신은 내일의 토대 위에 집을 짓기엔
너무 불확실하기 때문에

오늘 이 순간 속에 당신의 길을 닦아 나갈 것이다.
잠시 후면 당신은 햇빛조차도 너무 많이 쪼이면
화상을 입는다는 사실을 배울 것이다.
따라서 당신은 이제 자신의 정원을 심고
자신의 영혼을 가꾸리라.
누군가 당신에게 꽃을 가져다 주기를 기다리기 전에.
그러면 당신은 정말로 인내할 수 있을 것이고
진정으로 강해질 것이고
진정한 가치를 그 안에 지니게 되리라.

옮긴이의 말을 대신하여, 류시화

차 례

1. 사랑을 위하여

2. 삶을 위하여

3. 배움을 위하여

독자에게 전하는 말

신은 이야기를 좋아하기 때문에 인간을 창조했다.

엘리 위젤

우리의 가슴에서 당신의 가슴으로 이 이야기들을 전하게 되어 더없이 기쁘다. 이 책에는 당신을 더 많이 사랑하게 하고, 더 열정적으로 살게 하며, 더 많은 확신을 갖고 당신 가슴속의 꿈을 추구하게 하는 100편 남짓한 이야기가 실려 있다. 좌절과 실패의 시기에 이 책은 당신을 붙들어 주고, 상실과 고통의 시기에 당신을 위로해 줄 것이다. 당신은 아마도 이 책을 평생 간직하면서 삶의 여러 전환점에서 지혜와 통찰을 얻기 위해 이 책을 펼쳐 볼 것이다.

우리는 이제 당신이 정말로 탁월한 책과 마주하고 있다고 믿는다. 우리는 이미 이 시리즈의 책들을 통해 전세계 6백만 명의 독자들의 삶에 깊은 감동을 주었다. 우리는 매주 수백 통이 넘는 편지를 받고 있으며, 우리가 만드는 이 책들을 읽고 기적적으로 삶의 변화를 체험한 개인과 단체들의 이야기를 듣는다. 그들은 이 책에서 발견한 사랑과 희망과 격려와 영감이 그들의 삶에 매우 깊은 영향을 주었다고 고백하고 있다.

이야기는 우리 자신과 타인의 관계를 조명해 주고, 자비심을 일깨워 주며, "우리 모두는 하나다."라는 경이로움을 깨닫게 해 준다. 이야기는 우리가 어디서 왔으며, 무엇이고, 어디로 가는가를 사색하게 한다. 이야기는 우리를 새로운 진리에 눈뜨게 하고, 새로운 인생관을 갖게 하며, 우주를 느끼는 새로운 방식을 심어 준다.

루쓰 스코터

우리가 만드는 이 책들이 수많은 사람들의 삶에 큰 영향을 주고 있다는 결과 보고서를 읽고, 우리는 이제 이야기가 우리의 삶을 변화시키는 가장 강력한 도구라는 사실을 더 많이 확신하게 되었다.

이야기는 우리의 무의식 속으로 곧장 파고드는 힘을 갖고 있다. 이야기는 삶의 청사진을 제공한다. 이야기는 우리가 안고 있는 매순간의 문제에 대한 해답과 해결책을 제시한다. 또한 이야기는 우리가 가진 무한한 가능성을 일깨워 준다. 타성에 젖은 무료한 삶에서 벗어나 꿈을 갖게 하고, 우리 자신이 생각하고 있는 것보다 더 많은 것을 할 수 있도록 우리에게 창조적인 영감을 불어넣는다.

이 책은 앉은 자리에서 끝까지 다 읽을 수도 있다. 많은 독자들은 그렇게 해서도 좋은 결과를 얻는다. 그러나 우리는 당신이 시간을 갖고, 좋은 술을 조금씩 마시듯이 입 안에서 음미하면서 천천히 이 책을 읽어 내려가기 바란다. 그렇게 할 때 당신은 각각의 이야기들이 당신의 삶에 던지는 의미들을 더 잘 흡수하게 될 것이다.

시간을 갖고 이 책을 읽을 때, 당신은 각각의 이야기들이 서로 다른 방식으로 당신의 마음과 가슴과 영혼에 자양분을 준다는 사실을 발견할 것이다.

주니 족 인디언이 자신이 들려 주는 이야기를 열심히 받아 적고 있는 한 인류학자에게 물었다. "당신은 내가 이야기를 할 때 그것에 담긴 의미를 이해하는 거요, 아니면 단순히 받아 적기만 하는 거요?"

데니스 테드록

이 책에 실린 각각의 이야기들은 당신에게 큰 의미로 다가올 것이다. 그것들에 대해 천천히 명상하기를 우리는 권한다. 그래서 그것들이 당신의 삶을 더 가슴 뛰는 것으로 만들 수 있기를 바란다.

우리는 사실 우리의 경험으로부터는 어떤 것도 배우지 않는다. 우리는 오직 우리의 경험에 대한 명상으로부터 배울 뿐이다.

로버트 싱클레어

우리가 처음 이 이야기들을 발견했을 때, 대부분의 이야기들은 그 끝부분에 반드시 도덕적인 교훈이나 지침이 포함되어 있었다. 우리는 그것들 대부분을 걸어내고 그 대신 이야기만 남게했다. 당신이 그 이야기들로부터 당신 자신의 의미들을 발견하도록 하기 위해서다.

한번은 제자가 불평을 했다. "당신은 우리에게 이야기를 들려 주기만 할 뿐, 그것들이 담고 있는 의미에 대해선 말씀해 주지 않으시는군요."
스승이 대답했다. "만일 누군가 너한테 과일을 주면서 너를 위한답시고 모두 입으로 씹어서 준다면 넌 그걸 좋아하겠느냐?"

작자 미상

이 책에 담긴 이야기들을 읽고 나서 다른 누군가에게 들려 준다면 훨씬 더 기억에 남는 감동적인 경험이 될 것이다. 어떤 이야기들은 당신에게 더 크게 들릴 것이고, 어떤 이야기는 더 눈물짓게 만들 것이고, 또 어떤 이야기는 읽은 뒤에 다른 누군가를 생각나게 할 것이다.

이야기는 살아 있는 존재들과 같다. 당신은 그들을 초대해 당신과 함께 살게 한다. 그들은 좋은 대접을 받는 보답으로 그들이 아는 것을 당신에게 가르쳐 준다. 그들이 떠나갈 준비가 됐을 때 그들은 그 사실을 당신에게 알려줄 것이다. 그러면 당신은 그들을 다른 사람에게 소개해 준다.

우리가 내는 이 시리즈의 책들은 이미 학교와 교회에서, 회사의 아침 회의와 세미나에서, 여러 명상센터들에서 자주 읽혀지고 있다. 우리는 영혼의 양식을 찾는 많은 사람들에게 이 책이 전달되기를 바란다.

지난 여러 해 동안 많은 분들이 우리에게 자신이 알고 있는 감동적인 이야기들을 계속해서 보내 주었다. 그분들께 진심으로 감사드린다. 우리는 그것에 자극을 받아 더 가치 있고 의미 있는 이야기들을 모두에게 전하고자 노력할 것이다.

잭 캔필드
마크 빅터 한센

1

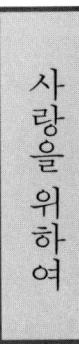

사랑은 모든 것을 이긴다.

버질

입맞춤

　의사인 나는 이제 막 수술에서 회복된 어떤 여성 환자의 침상 옆에 서 있었다. 그녀는 수술 후에도 옆 얼굴이 마비되어 입이 한쪽으로 돌아가 있었다. 얼핏 보면 어릿광대 같은 모습이었다. 입의 근육을 움직이는 신경 한 가닥이 절단되었기 때문이었다. 이제 그녀는 평생 동안 그런 얼굴로 살아야만 했다. 외과의사가 최선을 다해 그녀의 얼굴을 성형했다는 것은 부인할 수 없는 사실이었다. 하지만 그녀의 뺨에서 암세포가 번지고 있었기 때문에 나는 수술 도중에 어쩔 수 없이 신경 한 가닥을 절단해야만 했다.

　그녀의 젊은 남편도 그녀를 내려다보며 환자 옆에 서 있었다. 저녁 불빛 속에서 그들은 마치 내 존재를 잊은 양 열심히 서로를 바라보았다. 나는 생각했다. 이들은 도대체 어떤 사람들이길래 비뚤어진 얼굴을 해 갖고서도 이토록 부드럽고 따뜻한 시선으로 서로를 바라보고 있는 걸까?

　이윽고 그녀가 내게 물었다.

"제 입은 평생 동안 이런 모습으로 있어야 하나요?"

내가 말했다.

"그렇습니다. 신경이 끊어졌기 때문이지요."

그녀는 고개를 끄덕이더니 아무 말이 없었다. 그때 그녀의 젊은 남편이 미소를 지으며 말했다.

"난 그 모습이 좋은데 뭘. 아주 귀여워 보인다구."

그 순간 나는 그가 어떤 사람인가를 알았다. 그는 신과 같은 넉넉한 마음을 가진 사람이었다. 차마 그를 똑바로 쳐다볼 수 없어서 나는 바닥에 시선을 떨구었다. 내가 다시 고개를 들었을 때 그 남자는 아내에게 입을 맞추기 위해 몸을 숙였다. 그리고 그는 비뚤어진 아내의 입술에 자신의 입술을 맞추기 위해 잔뜩 비뚤어진 입을 하고 있었다. 그녀에게 아직도 입맞춤이 가능하다는 걸 보여 주기 위해서였다.

리차드 셀쩌

비밀 약속

　그날 나는 중요한 볼 일이 있어서 차를 몰고 급히 어디로 가고 있던 중이었다. 그런데 시간이 늦은 데다가 도중에서 그만 길을 잃고 말았다. 나는 누군가에게 길을 물으려고 주위를 두리번거렸다. 되도록이면 주유소가 눈에 띄길 바랬다. 방향 감각을 잃고 낯선 도시를 헤매다 보니 어느새 기름이 바닥나 있었다. 서두르지 않으면 안 될 상황이었다.

　때마침 나는 저만치 앞에서 노란색으로 회전하고 있는 소방서 건물의 형광등 불빛을 발견했다. 다행이었다. 길을 묻기에 소방서만큼 좋은 곳이 또 있겠는가?

　나는 재빨리 차에서 내려 길 건너편의 소방서로 갔다. 세 개의 문이 위로 활짝 젖혀져 있고 그 안에 주차해 있는 빨간색 소방차 여러 대가 보였다. 크롬으로 도금된 잘 닦인 소방차들은 차체를 반짝이며 문이 약간씩 열린 채로 비상벨이 울릴 경우에 대비하고 있었다.

　안으로 들어서자 소방서 특유의 냄새가 났다. 선반에서 물기를 말리고 있는 긴 소방 호스와 커다란 크기의 고무 장화, 그리고 소방대원들이 입는 재킷과 헬멧 등에서 나는 냄새였다. 거기에 깨끗이 물청소된 바닥과 광택 처리된 소방차들에서 나는 냄새까지 합쳐져 소방서에 온 것이 실감이 났다. 걸음을 멈추고 나는 깊이 숨을 들이쉬었다. 그리고 눈을 감고 잠시 나의 어린시절로 돌아갔다. 나의 아버지는 소방서에서 화재 진압 반장으로 35년 동안을 일하셨다.

나는 소방서 내부를 들여다보았다. 안쪽에는 황금색으로 반짝이는 높다란 화재 진압봉이 세워져 있었다. 하루는 내가 제이 형과 함께 소방서에 놀러갔을 때 아버지는 나와 형에게 두 차례나 그 장대를 타고 내려오게 하셨다. 소방서 구석에는 소방차를 수리할 때 차 밑바닥에 눕기 위해 사용하는 도르레 달린 깔판이 있었다. 아빠는 그 깔판 위에 나를 올려 놓고선 소리치셨다.

"꽉 잡아야 한다!"

그리고는 내가 술 취한 선원처럼 비틀거릴 때까지 깔판을 빙빙 돌리셨다. 그것은 내가 지금까지 타 본 어떤 놀이기구보다 더 스릴 넘치는 일이었다.

깔판 옆에는 고전적인 코카콜라 상표가 부착된 오래된 음료수 자판기가 한 대 있었다. 그 자판기는 아직도 코카콜라 초기 제품인 280cc 초록색 병에 든 코카콜라를 판매하고 있었다. 지금은 그것이 35센트이지만 내가 어렸을 당시는 10센트였다. 아버지를 만나러 가는 척했지만 사실은 그 자판기에서 코카콜라 한 병을 뽑아 먹는 것이 나로서는 소방서에 놀러가는 가장 큰 즐거움이자 중요한 이유였다.

내가 열살 때의 일이다. 하루는 학교 수업을 마치고 집으로 돌아가는 길에 나는 친구 두 명을 데리고 소방서로 갔다. 소방서도 구경시켜 줄 겸, 또 아버지에게 콜라를 사달라고 하기 위해서였다. 친구들에게 소방서 내부를 구경시켜 준 뒤 나는 기회를 엿보다가 아버지에게 물었다.

"아버지, 집에 가서 점심을 먹기 전에 친구들과 함께 콜라를 한 병씩 사 마시면 안 될까요?"

그날 나는 아버지의 목소리에서 약간 주저하는 내색을 느꼈다. 하지만 아버지는 곧 승락을 하셨다.

"그렇게 하렴."

아버지는 우리들 각자에게 10센트씩을 나눠 주셨다. 우리는 자판기로 달려가 콜라를 한 병씩 꺼냈다. 그리고는 재빨리 뚜껑을 열고 뚜껑 안쪽에 영화배우 사진이 들어 있는지 확인했다.

얼마나 행운이 겹치는 날이었던가! 운 좋게도 내 뚜껑에 영화배우 사진이 들어 있었다. 이제 두 개만 더 모으면 야구모자를 경품으로 받을 수 있었다.

우리 모두는 아버지에게 고맙다고 말하고는 점심을 먹으러 집으로 향했다. 그리고는 여름 오후의 수영을 즐기러 갔다.

그날 나는 호수에서 다른 때보다 조금 일찍 돌아왔다. 집 안으로 들어가는 순간 나는 우연히 부모님께서 대화를 나누시는 걸 엿듣게 되었다. 엄마가 아버지에게 약간 화가 나신 것 같았다. 그리고 내 이름이 언급되고 있었다.

"콜라 사 줄 돈이 없다고 말씀을 하셨어야죠. 브라이언도 알아들을 나이가 됐어요. 그 돈은 당신이 점심 사드실 돈이었잖아요.

우리가 돈이 여유가 없다는 걸 아이들에게도 일깨워 줘야 해요. 그리고 당신이 자꾸만 점심을 굶으면 어떻게 해요."

아버지는 늘 하시던 대로 그냥 어깨만 으쓱해 보이실 뿐이었다.

내가 엿듣고 있다는 걸 엄마가 알아채시기 전에 나는 서둘러 계단을 올라가 내 방으로 갔다. 그 방은 우리 네 명의 형제들이 함께 쓰는 방이었다.

호주머니를 비우자 많은 문제를 일으킨 콜라 병뚜껑이 바닥에 떨어졌다. 나는 그것을 그때까지 모은 여섯 개의 병뚜껑들이 있는 곳에다 놓았다. 그제서야 나는 그 병뚜껑들을 위해 아버지가 얼마나 큰 희생을 해오셨는지 깨달았다.

그날 밤 나는 그 희생에 보답하기로 혼자서 약속했다. 아버지가 그날뿐 아니라 전에도 수없이 나를 위해 희생하셨음을 내가 알고 있었다는 사실을 언젠가는 아버지에게 말씀드리고 싶었다. 아버지가 그렇게 하신 일들을 나는 결코 잊지 않으리라.

아버지는 아직 젊으셨던 47세에 첫번째 심장마비를 일으키셨다. 우리들 아홉 식구를 먹여 살리느라고 밤낮으로 직장을 세 군데나 다니면서 힘들게 일하신 것이 끝내 아버지를 망가뜨렸던 것이다. 부모님의 결혼 25주년 기념일 저녁에 우리들 중 가장 체구가 크고 가장 강하고 가장 목소리 굵던 아버지는 식구들에 둘러싸인 채 갑자기 바닥에 쓰러지셨다. 어린 우리들이 절대로 뚫을 수 없다고 여겼던 그 단단한 갑옷이 처음으로 삐걱거리기 시작한 것이다.

그 후 8년에 걸쳐 아버지는 세 차례나 더 심장마비의 고통을 겪으시면서 힘겹게 생활고와 싸우셨다. 그러다가 마침내 가슴에 심장 박동 조절장치를 매단 사람이 되시고 말았다.

어느날 오후 아버지의 자동차가 고장이 났다. 4륜 구동의 파란색 차였는데 너무 낡아서 문제가 생긴 것이다. 아버지는 병원에 정기 검진을 받으러 가야 하는데 나더러 태워다 달라고 전화를 거셨다. 한 시간 뒤 나는 차를 몰고 소방서로 갔다. 아버지가 다른 소방대원들과 함께 소방서 앞에 나와서 누군가 새로 산 픽업 트럭을 구경하고 계셨다. 짙은 바다색의 포드 회사 제품이었다. 얼른 보기에도 아주 잘 뽑아져 나온 차였다. 내가 아주 멋진 차라고 말하자 아버지는 당신도 언젠가 그런 트럭을 가질 것이라고 말씀하셨다.

우리는 둘 다 웃었다. 그것이 항상 아버지의 꿈이었다. 그리고 그것은 항상 이루기 힘든 꿈처럼 보였다.

이 무렵 나는 개인적으로 사업이 잘 되어 나가고 있었고, 다른 형제들도 마찬가지였다. 우리는 아버지에게 트럭을 한 대 사드리겠다고 제안했다. 하지만 아버지는 이렇게 말씀하셨다.

"내 돈으로 그걸 사지 않으면 도무지 내 차라는 기분이 들지 않거든."

병원 진료실에서 걸어나오는 아버지를 보니 얼굴이 창백하셨다. 주사 바늘로 수없이 찔리고 검사받고 진찰받느라 몹시 지치신 것이다.

"그만 가자."

그것이 아버지가 하신 말씀의 전부였다. 차를 세워둔 곳까지 걸어가면서 나는 뭔가 잘못됐음을 알았다. 우리는 말없이 차를 몰았다. 무엇이 잘못됐는지 아버지가 어떤 식으로든 내게 말씀하시겠지 하고 나는 기다렸다.

나는 소방서까지 먼 길을 차를 몰았다. 우리가 옛날에 살던 집, 운동장, 호수, 모퉁이의 구멍가게를 지나가는 동안 아버지는 과거에 있었던 일들과 그 각각의 장소들이 간직하고 있는 추억들에 대해 말씀하셨다.

아버지가 죽어가고 있음을 나는 이때 알았다.

내가 아버지를 바라보았더니, 아버지는 나를 쳐다보시며 고개를 끄덕이셨다.

난 이해했다.

우리는 도중의 아이스크림 가게에 내려 15년 만에 처음으로 단 둘이서 아이스크림을 먹었다. 그날 우리는 많은 대화를 나눴다. 오랜만에 우리가 나눈 진정한 대화였다. 아버지는 우리 자식들이 무척 자랑스러우며, 죽는 것이 두렵지 않다고 말씀하셨다. 아버지가 두려워하는 것은 평생을 함께 살아온 어머니와 결별하는 일이었다.

나는 아버지를 바라보며 웃었다. 아버지처럼 한 여자와 그토록 깊은 사랑에 빠진 남자는 세상에 없을 것이다.

그날 아버지는 자신에게 임박한 죽음에 대해 누구에게도 발설하지 말 것을 나에게 부탁하셨다. 아버지의 소원대로 하겠다고 약속하면서도 나는 그것이 세상에서 가장 지키기 힘든 비밀임을 알았다.

이 무렵 아내와 나는 승용차든 소형 트럭이든 새 차를 한 대 구입할 생각이었다. 아버지는 마침 근처에 있는 자동차 대리점의 판매사원을 알고 계셨다. 그래서 나는 아버지에게 어떤 차가 좋을지 함께 보러 가자고 부탁했다.

자동차 전시장으로 가서 판매사원과 얘길 나누는 동안 나는 아버지가 초콜릿 빛깔의 갈색 픽업 트럭을 유심히 바라보고 계신 걸 눈치챘다. 모든 선택 사양이 완전히 장착된 대단히 멋진 차였다. 아버지는 마치 조각가가 자신의 작품을 점검하듯이 손으로 트럭을 쓰다듬으셨다.

나는 아버지에게 말했다.

"아버지, 제 생각엔 아무래도 승용차보다는 트럭을 사는 게 좋을 것 같아요. 기름 소모가 적은 소형 트럭을 사야겠어요."

판매사원이 제품 설명서를 가지러 사무실로 들어간 사이에 나는 아버지에게 그 갈색 트럭을 한번 시운전해 보자고 제안했다. 아버지는 고개를 흔드셨다.

"이 차는 너무 비싸서 네 형편으론 살 수 없다."

내가 밀했다.

"저도 그건 알아요. 아버지도 아시구요. 하지만 판매사원은 제 형편이 어떤지 모르잖아요."

아버지가 운전대를 잡으셨다. 우리는 곧장 27번 도로로 달려 나갔다. 장난꾸러기 아이들처럼 우리는 신이 났다. 10분 정도 운전을 하면서 아버지는 정말 승차감이 좋다고 말씀하셨다. 나는 옆에 앉아서 모든 버튼과 경음기를 눌러대며 장난을 쳤다.

전시장으로 돌아온 우리는 다시 파란색의 소형 선다우너 트럭을 골라 시운전을 했다. 아버지는 이 트럭이 내가 운전하게 될 거리로 보나 기름 소모로 보나 가장 적합하다고 조언을 하셨다.

나는 아버지의 의견에 동의하고 다시 전시장으로 돌아갔다. 그리고 판매사원과 거래를 끝냈다.

며칠 뒤 나는 아버지에게 전화를 걸어 내가 산 트럭을 가지러 가자고 부탁했다. 아버지는 얼른 동의하셨다. 아버지가 그렇게 얼른 동의하신 것은 지난 번의 그 갈색 트럭을 마지막으로 한 번 더 보시기 위한 것임을 난 알았다. 아버지는 그 트럭을 '나의 갈색 트럭'이라고까지 하셨다.

우리가 전시장 마당으로 갔을 때 내가 산 파란색 소형 선다우너 트럭이 판매 딱지를 붙이고 그곳에 세워져 있었다. 그리고 그 옆에는 광택이 나도록 잘 닦인 그 갈색 픽업 트럭이 역시 유리창에 커다랗게 〈팔렸음〉이란 딱지를 붙인 채 서 있었다.

나는 슬쩍 아버지의 얼굴을 바라보았다. 아버지의 얼굴에 실망한 표정이 역력한 걸 알 수 있었다.

아버지는 혼잣말처럼 중얼거리셨다.

"누군가 멋진 트럭을 샀구나."

난 다만 고개를 끄덕이며 말했다.

"아버지, 먼저 안으로 들어가서 직원에게 제가 왔다고 말씀해 주시겠어요? 차를 주차하는 대로 곧 뒤따라 갈게요."

아버지는 차에서 내려 그 갈색 트럭 앞을 지나가셨다. 그러면서 손으로 그 차를 쓰다듬으셨다. 나는 아버지의 얼굴에 다시금 실망감이 스치는 걸 볼 수 있었다.

나는 건물 안쪽의 주차장에 차를 세우고는 바깥에 선 채로 유리창을 통해 사무실 안을 들여다보았다. 그곳에 자신의 가족을 위해 모든 것을 희생하신 한 남자가 서 있었다. 판매사원은 의자를 권한 뒤 트럭 열쇠 하나를 아버지에게 건넸다. 바로 그 갈색 트럭의 열쇠였다. 판매사원은 이어서 아버지에게 그것이 내가 아버지를 위해 드리는 선물이며 이것은 둘만의 비밀이라는 걸 설명했다.

아버지가 유리창 밖을 쳐다보셨다. 우리의 시선이 마주쳤다. 우리는 서로 고개를 끄덕이고, 서로를 보며 웃었다.

그날 밤 아버지가 차를 몰고 오셨을 때 난 집 밖에서 기다렸다. 아버지가 트럭에서 내리자 난 아버지를 힘껏 껴안고 볼에 입을 맞추었다. 그리고 내가 아버지를 얼마나 사랑하는지 말씀드렸다. 또 나는 이것이 우리 두 사람의 비밀임을 아버지께 상기시켰다.

그날 저녁 우리는 드라이브를 나섰다. 아버지는 그 트럭의 다른 것들은 다 이해가 가는데, 핸들 중앙에 코카콜라 병뚜껑이 박혀 있는 것은 무슨 의미인지 도무지 모르겠다고 말씀하셨다.

브라이언 키페

삑삑도요새가 당신에게 기쁨을 가져다 줍니다

여러 해 전 이웃에 사는 어떤 여성이 미국 북서부의 해변에서 겨울을 보낼 때 경험한 일을 내게 들려 준 적이 있다. 그 이야기는 내 마음속에 깊은 인상을 남겼다. 나는 그녀가 들려 준 내용을 그대로 글로 적어 놓았다. 훗날 문인들의 모임에서 내가 발표할 차례가 돌아왔을 때 나는 그 이야기를 발표해야겠다는 생각이 들었다.

여기 그 여성이 내게 들려 준 이야기가 있다. 나는 아직도 처음 그 이야기를 들었을 때처럼 그것으로부터 받은 깊은 인상을 지워 버릴 수 없다.

내가 사는 집 부근의 해변에서 그 여자아이를 처음 만났을 때 그 아이는 여덟 살이었다. 세상이 나에게 문을 닫아 버릴 때마다 나는 오 킬로미터 정도 떨어진 해변까지 차를 몰고 가곤 했다.

아이는 모래성인지 뭔지를 만들고 있다가 고개를 들어 나를 쳐다보았다. 눈동자가 바다처럼 파란색이었다.

"안녕하세요."

아이가 명랑한 목소리로 말을 걸어왔다. 나는 그저 고개를 끄덕이는 정도로 인사를 대신했다. 꼬마아이에게 신경쓸 기분이 전혀 아니었던 것이다.

아이가 말했다.

"난 지금 뭘 만들고 있는 중이에요."

난 별로 관심을 갖지 않으며 건성으로 물었다.

"나도 그건 안다. 근데 뭘 만들고 있는 거니?"

아이가 대답했다.

"나도 잘 몰라요. 난 그냥 모래가 손바닥에 닿는 걸 느끼고 있을 뿐이에요."

괜찮은 소리군, 하고 나는 생각했다. 나는 신발을 벗어들었다. 그때 삑삑도요새 한 마리가 근처를 날았다.

아이가 말했다.

"저 새는 기쁨이에요."

"저게 뭐라고?"

"기쁨이에요. 엄마가 그랬는데 삑삑도요새는 우리에게 기쁨을 가져다 준대요."

그 새는 해변 저쪽으로 미끄러지듯 날아갔다. 나는 혼자서 중얼거렸다.

"잘 가라, 기쁨아. 그리고 어서 와라, 고통아."

나는 그 자리를 떠나기 위해 몸을 돌렸다. 나는 절망에 빠져 있었다. 내 삶은 완전히 균형을 잃은 상태였다.

그러나 아이는 포기하지 않았다.

"아줌만 이름이 뭐예요?"

내가 대답했다.

"루쓰. 난 루쓰 피터슨이야."

아이가 말했다.

"제 이름은 윈디예요."

아이는 웬디라는 이름을 윈디라고 발음하고 있었다. 정말로 그 이름이 바람 부는 것(윈디)처럼 느껴졌다.

"그리구 여덟살이에요."

"안녕, 윈디!"

내가 그렇게 부르자 아이는 낄낄거렸다.

"아줌만 재미있으세요."

우울한 기분에도 불구하고 나도 따라 웃었다. 나는 천천히 걸음을 옮겼다.

아이의 음악소리 같은 웃음이 계속해서 날 따라왔다. 아이는 말했다.

"또 오세요, 피터슨 아줌마. 또다시 행복한 날이 찾아올 거예요."

그 다음 몇 일, 몇 주 동안을 나는 완전히 타인들을 위해 시간을 쏟아야만 했다. 버릇없는 보이스카웃 단원들, 교사와 학부모의 만남, 몸이 불편한 어머니….

설겆이를 끝내고 났는데 아침해가 아름답게 빛나고 있었다. 나는 스스로에게 말했다.

"난 삑삑도요새가 필요해."

나는 서둘러 코트를 챙겨 입었다.

해변의 변함없는 위안이 나를 기다리고 있었다. 바람이 약간 쌀쌀했지만 나는 내게 필요한 고요를 되찾으려고 노력하면서 해변을 따라 걸었다. 난 그 아이에 대해 까마득히 잊고 있었다. 그래서 아이가 갑자기 내 앞에 나타났을 때 깜짝 놀랐다.

"안녕하세요, 피터슨 아줌마. 저랑 함께 놀이 하실래요?"

난 약간 성가신 투로 되물었다.

"무슨 놀이를 하고 싶니?"

아이가 말했다.

"저도 잘 모르겠어요. 아줌마가 말해 보세요."

난 약간 빈정거리듯 말했다.

"엉덩이로 글씨 쓰는 놀이라도 하고 싶어서 그러니?"

딸랑거리는 웃음소리가 또다시 터져나왔다.

"전 그게 어떻게 하는 놀인지 잘 몰라요."

"그럼 그냥 걷자꾸나."

아이를 바라보면서 나는 아이의 얼굴이 매우 섬세한 아름다움을 지니고 있음을 눈치챘다. 내가 물었다.

"넌 어디 사니?"

"저기요."

아이는 여름 별장들 중 하나를 가리켜 보였다. 이상하군, 나는 생각했다. 겨울철인데 여름 별장에서 살다니.

내가 다시 물었다.

"학교는 어딜 다니니?"

"전 학교에 다니지 않아요. 엄마가 그러는데 우린 지금 방학이래요."

해변을 따라서 걷는 동안 아이는 어린 여자애들이 흔히 하는 얘기들을 재잘거렸다. 하지만 내 마음은 딴 데로 가 있었다. 내가 집으로 돌아갈 때쯤 웬디는 행복한 하루였다고 말했다. 이상하게 기분이 좋아진 나도 아이에게 미소를 보내며 고개를 끄덕였다.

삼주가 지나서 나는 거의 미쳐 버릴 것 같은 마음 상태가 되어 다시 해변으로 달려갔다. 나는 웬디에게 인사를 할 기분도 아니었다. 아이의 엄마가 여름 별장의 현관에 나와 있는 것이 보였다. 나는 그녀에게 아이를 집 안에 있게 하라고 고함을 쳐 주고 싶었다.

웬디가 내게 말을 걸었을 때 나는 심통맞게 말했다.

"얘야, 미안한 말이지만 난 오늘은 혼자 있고 싶구나."

아이는 전과 다르게 얼굴이 창백하고 숨이 가빠 보였다. 아이가 물었다.

"왜요?"

나는 아이에게 얼굴을 돌리며 소리쳤다.

"왜냐하면 우리 엄마가 돌아가셨으니까 말야!"

그리고 나는 후회했다. 오, 하나님! 내가 지금 어린애에게 무슨 말을 하고 있는 겁니까?

아이가 조용히 말했다.

"그랬군요. 그럼 오늘은 행복하지 않은 날이네요."

"그래. 어제도 그랬고, 그저께도 그랬고, 그그저께도 그랬어. 언제나 행복하지 않았어. 아, 넌 저리 가거라."

"그것 때문에 마음이 상하셨어요?"

"무엇 때문에 마음이 상했다는 거니?"

나는 아이에게, 또 나 자신에게 화가 나서 소리쳤다. 아이가 말했다.

"아줌마 엄마가 돌아가신 것 말예요."

"물론 상하다마다!"

나는 닦아세우듯이 말하고는 내 자신에 파묻혀 그 자리를 떠났다.

그로부터 한 달여쯤 지나 내가 다시 그 해변으로 갔을 때 아이는 거기에 없었다. 죄책감이 들고 부끄러운 마음도 들어서 나는 아이가 보고 싶었디. 그래서 나는 산책을 마친 뒤 그 여름 별장으로 가서 문을 두드렸다. 짙은 갈색 머리에 찡그린 얼굴을 한 젊은 여자가 문을 열었다.

내가 말했다.

"안녕하세요. 전 루쓰 피터슨이라고 해요. 댁의 딸이 보고 싶어서 왔어요. 오늘은 어딨는지 안 보이는군요."

"아, 예, 피터슨 부인. 어서 들어오세요."

나는 안으로 들어갔다.

"웬디에게서 부인에 대해 많이 들었어요. 아이가 부인을 괴롭히지나 않았는지 걱정되는군요. 아이가 귀찮게 했다면 제가 대신 사과드려요."

"전혀 그렇지 않아요. 웬디는 무척 명랑한 아이인 걸요."

그렇게 말하면서 나는 내가 진심으로 말하고 있다는 걸 알고 스스로 놀랐다.

"그런데 어딜 갔나요?"

"웬디는 지난 주에 죽었답니다, 피터슨 부인. 그 애는 백혈병을 앓고 있었어요. 아마 부인께는 말씀드리지 않았을 거예요."

나는 충격을 받고 의자를 움켜잡았다. 아무 말도 떠오르지 않았다.

"그 앤 이 해변을 무척 좋아했어요. 그래서 그 애가 여길 오자고 했을 때 우린 안 된다고 할 수가 없었어요. 이곳으로 와서 건강이 좋아진 것 같았고, 그 애가 말하듯이 행복한 날들을 많이 가졌어요. 하지만 지난 몇 주 동안 급격히 상태가 나빠지더니 그만…"

그녀는 말을 맺지 못했다. 그러다가 문득 생각난 듯이 말했다.

"그 애가 부인께 전하라고 남긴 게 있어요. 그걸 어디다 뒀더라… 제가 그걸 찾는 동안 잠깐만 여기 앉아 계세요."

난 바보처럼 고개만 끄덕였다. 이 사랑스런 젊은 여자에게 아무 말이라도 좋으니 무슨 말인가 해야 한다는 생각만 머리에 가득했다.

그녀는 내게 때묻은 봉투 하나를 내밀었다. 겉봉에는 어린아이의 필체로 큼지막하게 〈피터슨 아줌마에게〉라고 적혀 있었다.

봉투 안에는 그림 한 장이 들어 있었다.

밝은 색상의 크레용으로 노란 해변과 파란 바다, 그리고 갈색새 한 마리가 그려진 그림이었다. 그림 밑에는 정성들인 글씨로 이렇게 적혀 있었다.

삑삑도요새가 당신에게 기쁨을 가져다 줍니다.

눈물이 내 눈에서 흘러내렸다. 어떻게 사랑하는가를 거의 잊고 지내온 내 가슴이 활짝 열렸다. 나는 두 팔로 웬디 어머니를 껴안았다.

"정말 안 됐어요. 정말 안 된 일이에요. 정말로."

나는 그렇게 계속 중얼거렸다. 우린 둘 다 흐느껴 울었다.

지금 그 소중한 작은 그림은 액자에 넣어져 내 방에 걸려 있다. 그것을 바라볼 때마다 그 아이가 산 인생처럼 짧기만한 그 문장이 나에게 마음의 평화와 용기와 무조건적인 사랑을 말해 준다. 그것은 바다처럼 파란 눈과 모래 빛깔의 머리칼을 가졌던 한 소녀가 나에게 준 선물이다. 그 아이가 내게 사랑의 선물을 전해 준 것이다.

메리 셔먼 힐버트

남을 생각할 줄 아는 아이

작가이며 유명한 연사인 레오 버스카글리아가 한번은 자신이 심사를 맡았던 어떤 대회에 대해 말한 적이 있다. 그 대회의 목적은 남을 가장 잘 생각할 줄 아는 아이를 뽑는 일이었다.

레오 버스카글리아가 뽑은 우승자는 일곱살의 아이였다.

그 아이의 옆집에는 최근에 아내를 잃은 나이 먹은 노인이 살고 있었다. 그 노인이 우는 것을 보고 어린 소년은 노인이 사는 집 마당으로 걸어갔다. 그리고는 노인의 무릎에 앉아 있었다. 엄마가 나중에 아이에게 이웃집 노인께 무슨 위로의 말을 했느냐고 묻자 어린 소년은 말했다.

"아무것도 하지 않았어요. 다만 그 할아버지가 우는 걸 도와 드렸어요."

엘렌 크라이드먼
도나 버나드 제공

전화 안내원

내가 아주 어렸을 때 우리집은 여러 이웃들 중에서 거의 첫번째로 전화를 설치했다. 광택이 나는 참나무 전화상자가 층계참 벽면에 단단히 부착되던 그날의 일을 나는 똑똑히 기억한다. 상자 옆에는 반짝이는 수화기가 매달려 있었다. 105번. 나는 그때의 전화번호까지도 기억한다.

니는 너무 어려서 전화기에 키가 닿지도 않았지만 엄마가 전화기에 대고 대화하는 것을 호기심에 차서 듣곤 했다. 한번은 엄마가 나를 번쩍 들어올려 출장중이신 아버지와 얘길 나누게 해주었다. 그것은 마술 그 자체였다!

얼마 후에 나는 그 경이로운 장치 속 어딘가에 굉장한 사람이 살고 있다는 사실을 발견했다. 그 여성의 이름은 '전화 안내원'이었다. 그리고 그녀가 모르는 건 이 세상에 아무것도 없었다. 엄마는 그녀에게 다른 사람들의 전화번호를 물을 수 있었다. 또 우리집 시계가 고장났을 때도 안내원은 즉각적으로 정확한 시간을 알려 주었다.

이 수화기 속의 요정과 내가 첫번째로 대화를 나눈 사건은 엄마가 이웃집에 놀러간 사이에 일어났다. 지하실에서 연장통을 갖고 놀던 나는 그만 망치로 손가락을 후려치고 말았다. 아픔을 참을 수가 없었지만 아무리 울어도 소용 없을 것만 같았다. 집에는 내게 동정심을 표시해 줄 사람이 아무도 없었던 것이다.

나는 욱신거리는 손가락을 빨며 집 안을 돌아다니다가 마침내 계단이 있는 곳까지 이르렀다. 그때 전화가 눈에 띄었다. 아, 그렇다! 나는 재빨리 거실에 있는 앉은뱅이 의자를 낑낑거리며 층계참까지 끌고 올라갔다. 의자에 올라선 나는 수화기를 들어 귀에 갖다댔다. 그리고는 내 머리보다 약간 위쪽에 있는 전화기 송화구에 대고 "안내원!" 하고 불렀다.

찰칵 하는 소리가 한두 번 난 뒤 작지만 뚜렷한 목소리가 내 귀에 대고 말했다.

"안내원입니다!"

나는 전화기에 대고 소리내어 울기 시작했다.

"손가락을 다쳤어요. 엉엉."

이제 들어 주는 사람이 있으니 눈물이 펑펑 쏟아졌다.

안내원이 물었다.

"엄마가 집에 안 계시니?"

나는 계속 엉엉 울면서 대답했다.

"집엔 나밖에 없어요."

"피가 나니?"

"아니오. 망치로 손가락을 때렸어요."

그녀가 물었다.

"집에 얼음통이 있니?"

난 그렇다고 대답했다.

"그럼 얼음 한 조각을 깨서 네 손가락에 대고 있으렴. 그럼 아픔이 가실 거야. 얼음 깰 때 조심하구."

그러면서 그녀는 부드럽게 타일렀다.

"이제 그만 울어. 괜찮을 테니까."

그 사건 이후 나는 무슨 일이 있기만 하면 전화 안내원을 찾았다. 내가 지리 숙제에 대한 도움을 요청하면 그녀는 필라델피아가 어디쯤 있고 오리노코 강이 어디에 있는지 가르쳐 주었다. 그 낭만적인 강에 대해 들으면서 나는 이 다음에 어른이 되면 꼭 그 강을 탐험해 보겠노라고 결심했다. 또 그녀는 내 산수 공부를 도와 주었으며, 전날 내가 공원에서 잡아온 애완용 얼룩다람쥐가 과일과 열매만을 먹는다는 것도 가르쳐 주었다.

또 우리집에서 기르는 애완용 카나리아 새가 죽었을 때도 나는 안내원을 불러 그 슬픈 소식을 전했다. 그녀는 가만히 듣고 있더니 어른들이 흔히 아이들을 달랠 때 하는 말로 나를 위로했다. 하지만 아무리 해도 난 슬픔이 가라앉지 않았다. 그토록 아름다운 노래로 온 가족에게 기쁨을 주던 새가 왜 갑자기 깃털이 수북이 빠진 채로 새장 바닥에 죽어 있어야 하는지 난 이해할 수 없었다.

그녀는 내 큰 슬픔을 눈치챈 듯 조용히 말했다.

"폴, 노래 부를 다른 세상이 있다는 것을 결코 잊으면 안 돼."

그 말을 듣고서야 나는 다소 진정이 되었다.

다른 날도 나는 전화기에 매달렸다. 이제는 귀에 익숙해진 목소리가 "안내원입니다." 하고 말했다.

나는 물었다.

"〈붙이다〉를 어떻게 써요?"

"벽에 붙이는 걸 말하니, 아니면 편지를 부치는 걸 말하니? 벽에 붙이는 것일 때는 〈붙-이-다〉라고 써야 해."

그 순간이었다. 나에게 겁주는 걸 광적으로 좋아하는 두살 위의 누나가 계단에서 점프를 하며 내게 덤벼들었다. 그리고는 "우히히히!" 하고 귀신처럼 고함을 질렀다. 나는 놀라서 앉은뱅이 의자에서 넘어졌다. 그 바람에 수화기가 전화통에서 떨어져 버리고 말았다. 우리는 둘 다 겁에 질렸다. 안내원은 더 이상 나타나지 않았다. 나는 내가 수화기를 잡아뽑는 바람에 그녀에게 상처를 입힌 것이 아닌가 몹시 걱정이 되었다.

몇 분 뒤 어떤 남자가 현관에 나타났다.

"난 전화기 수리하는 사람이다. 저 아래서 작업을 하고 있는데 안내원이 너희 집 전화에 문제가 생겼다고 알려 주었다."

그 남자는 내 손에 들려져 있는 수화기를 바라보았다.

"무슨 일이 난 거니?"

난 그에게 자초지종을 설명했다.

"걱정마라. 일이 분 정도면 다시 연결할 수 있으니까."

그가 전화통 뚜껑을 열자 전선줄과 코일이 미로처럼 연결된 내부가 드러났다. 그는 수화기 코드를 이리저리 만지고는 작은 십자 드라이버로 나사 몇 개를 조였다. 그리고는 후크를 몇 차례 누르고 나서 전화기에 대고 말했다.

"여보세요. 나 피터요. 105번 전화는 이제 아무 이상 없어요.

아이의 누나가 아이를 미는 바람에 수화기 코드가 전화기에서 빠진 것뿐예요."

그는 미소를 지으며 전화를 끊은 뒤 내 머리를 쓰다듬고는 밖으로 나갔다.

이 모든 일이 태평양 북서 해안의 작은 마을에서 일어났다. 그러다가 내가 아홉살이 되었을 때 우리집은 대륙 건너편의 보스톤으로 이사를 갔다. 나는 내 가정교사를 잃은 것이 못내 아쉬웠다. 안내원은 옛날에 살던 집의 나무상자로 된 그 낡은 전화통 속에만 살고 있었다. 나는 왠일인지 새로 이사간 집의 거실 테이블 위에 놓인 날렵한 새 전화기를 시험해 볼 마음이 나지 않았다.

하지만 사춘기가 되어서도 어렸을 때의 그 대화에 대한 기억들이 한 번도 내 곁을 떠난 적이 없었다. 종종 인생에 대한 의심과 불안한 순간들이 닥쳐올 때면 나는 전화 안내원에게서 올바른 해답을 들었을 때 느꼈던 그 안도감과 마음의 평화를 회상하곤 했다. 그녀가 얼마나 많은 인내심과 친절한 마음을 갖고 한 어린 소년을 대해 주었는가를 깨닫고 나는 뒤늦게나마 감사한 생각이 들었다.

몇 해가 흘러 대학에 진학하기 위해 다시 미국 서부로 가던 도중에 내가 탄 비행기가 시애틀에 도착했다. 나는 다른 비행기로 갈아탈 때까지 30분 정도의 시간이 남아 있었다. 나는 당시 그곳에서 아이의 엄마가 되어 행복한 결혼 생활을 하고 있는 누나에게 전화를 하면서 15분을 보냈다. 그러다가 나는 아무 생각 없이 내가 옛날에 살던 고향 마을의 전화 안내원에게로 다이얼을 돌렸다. 그리고는 "안내원 부탁합니다." 하고 말했다.

기적처럼, 나는 다시금 그 작고 뚜렷한 목소리를 들을 수 있었다. 내가 너무도 잘 기억하고 있는 바로 그 목소리였다.

"안내원입니다."

나는 미리 그럴 계획을 갖고 있었던 건 아니었지만 자신도 모르게 이렇게 말했다.

"미안하지만 〈붙이다〉를 어떻게 쓰는지 가르쳐 주시겠어요?"

한참 동안 침묵이 있었다. 그런 다음 부드러운 대답이 흘러나왔다.

"지금쯤은 손가락이 다 나았겠지?"

난 웃음을 터뜨렸다.

"정말 아직도 옛날의 당신이군요. 그 시절에 당신이 내게 얼마나 중요한 존재였는지 아마 당신은 모르셨을 거예요. 이걸 꼭 말씀드리고 싶었어요."

그녀가 대답했다.

"그 시절에 네가 나한테 얼마나 중요한 존재였는지 넌 아마 몰랐을 거다. 내게는 아이가 없었지. 그래서 난 언제나 네가 전화해 주기를 기다렸단다. 내 얘기가 참 바보처럼 들리지?"

그렇지 않았다. 전혀 바보처럼 들리지 않았다. 하지만 난 그렇게 말해 줄 수가 없었다. 그 대신 나는 지난 여러 해 동안 내가 얼마나 자주 그녀를 생각했는가를 말했다. 그리고 첫 학기를 마치고 방학 때 누나를 만나러 올 텐데 그때 다시 전화해도 되겠느냐고 물었다.

그녀는 말했다.

"물론이지. 네 전화를 기다리고 있을께. 샐리를 찾으면 돼."

"그럼 안녕히 계세요, 샐리."

안내원이 이름을 갖고 있다는 것이 이상하게 들렸다. 난 말했다.

"다음 번에 또 얼룩다람쥐를 만나면 과일이나 열매를 먹으라고 말해 줄께요."

그녀가 말했다.

"그렇게 하렴. 난 네가 오리노코 강을 탐험할 날을 기대하고 있으마. 잘 지내라. 안녕."

정확히 석날 뒤 나는 다시 시애틀 공항으로 돌아왔다. 다른 목소리가 대답했다.

"안내원입니다."

나는 샐리를 바꿔 달라고 부탁했다.

"샐리의 친구인가요?"

나는 대답했다.

"네, 아주 오래된 친구죠."

"그럼 안 좋은 소식이지만 말씀드려야 할 것 같군요. 샐리는 지난 몇 해 동안 시간제로만 여기서 일을 했답니다. 건강이 좋지 않았기 때문이지요. 샐리는 5주 전에 세상을 떠났습니다."

하지만 내가 전화를 끊기 전에 그 여자가 말했다.

"잠깐만요. 지금 전화 거신 분 이름이 빌리아드라고 했나요?"

"네."

"샐리가 당신에게 전해 주라고 메시지를 남겼군요. 짤막한 메모를 남겼어요."

나는 얼른 알고 싶어 물었다.

"무슨 내용이죠?"

"이렇게 적혀 있군요. 제가 읽어 드릴게요. 〈빌리아드가 전화를 하면 이렇게 전해 주세요. 나는 아직도 노래 부를 다른 세상이 있다는 걸 믿는다구요. 그렇게 말하면 무슨 뜻인지 알 거예요.〉 이게 전부군요."

나는 고맙다고 말하고 전화를 끊었다. 샐리가 한 말이 무슨 뜻인지 나는 알았다.

폴 빌리아드

마술이 장님 소녀를 눈뜨게 한 이야기

내 친구 휘트는 프로 마술사이나. 그는 로스앤젤레스의 한 레스토랑에 고용되어, 매일 저녁 손님들이 식사를 하는 동안 테이블을 돌면서 우스갯짓을 하거나 테이블 가까이서 마술을 펼쳐 보이는 일을 하고 있었다.

어느날 저녁 그는 한 가족에게로 다가가 자신을 소개한 뒤 카드 한 벌을 꺼내 마술 시범을 보이기 시작했나. 휘트는 가족 중의 한 소녀에게 카드를 한 장 뽑으라고 부탁했다. 그러자 소녀의 아버지가 자기 딸 로라는 장님이라고 설명했다.

휘트가 말했다.

"그건 상관없습니다. 로라만 좋다면 저는 어쨌든 이 마술을 계속해 보이고 싶습니다."

그리고 나서 휘트는 소녀에게 몸을 돌리고 말했다.

"로라, 내가 마술을 해 보려고 하는데 네가 좀 도와 줄 수 있겠니?"

약간 부끄럼을 타면서 로라는 어깨를 으쓱해 보이고는 대답했다.

"네, 좋아요."

휘트는 소녀를 마주보며 테이블 맞은편에 앉았다. 그리고는 소녀를 쳐다보며 말했다.

"내가 지금 카드 한 장을 뽑아들겠다, 로라. 카드는 검은색 아니면 빨간색 중 하나가 될 거야. 이제부터 넌 너의 영적인 힘을 사용해서 내가 뽑아든 카드가 빨간색과 검은색 중 어느 것인지 알아맞추는 거다. 잘 알아듣겠니?"

로라는 고개를 끄덕였다.

휘트는 카드 중에서 검은색 카드 킹을 뽑아들고 물었다.

"자, 로라. 이것이 빨간색 카드인지 검은색 카드인지 알아맞춰 보겠니?"

잠시 후 장님 소녀는 대답했다.

"검은색이에요."

소녀의 가족은 모두 입가에 흐뭇한 미소를 지었다. 휘트는 다시 빨간색 하트 7을 뽑아들고 물었다.

"이번엔 빨간색일까, 검은색일까?"

로라가 말했다.

"빨간색이에요."

이번에도 로라는 알아맞췄다. 그러자 휘트는 세번째로 빨간색 다이아몬드 3을 뽑아들었다.

"이것은 빨간색일까, 검은색일까?"

조금도 망설이지 않고 로라가 대답했다.

"빨간색이요!"

소녀의 가족은 점점 흥분해서 눈을 반짝이기 시작했다. 휘트는 카드 석 장을 더 시험했다. 그럴 때마다 로라는 정확히 답을 맞췄다. 정말 믿을 수 없는 일이었다. 여섯 장의 카드를 한 장도 틀리지 않고 모두 맞춘 것이다! 소녀의 가족은 소녀가 가진 능력을 도무지 믿을 수가 없었다.

일곱번째에 이르러 휘트는 하트 5를 뽑아들고 물었다.

"자, 로라. 이번에는 이 카드의 숫자와 종류를 알아맞춰 보겠니? 이것이 하트일까, 다이아몬드일까, 클럽일까, 아니면 스페이드일까?"

삼시 후 로라는 자신감 있는 목소리로 대답했다.

"그 카드는 하트 5예요."

소녀의 가족은 모두 숨이 막혔다. 다들 놀라서 자신의 눈을 의심하지 않을 수 없었다.

소녀의 아버지는 휘트에게 지금 어떤 종류의 속임수를 쓰고 있는지, 아니면 정말로 마술인지를 물었다.

휘트가 대답했다.

"댁의 따님에게 직접 물어 보시죠."

아버지가 물었다.

"로라, 어떻게 그렇게 할 수 있었니?"

로라는 미소를 지으며 말했다.

"이건 마술이에요!"

휘트는 그 가족과 악수를 하고 나서 로라와 한 번 포옹을 한 뒤에 자신의 명함을 건네 주고 그 자리를 떠났다. 두말 할 필요 없이 휘트는 이 가족 모두에게 결코 잊지 못할 마술적인 순간을 선물한 것이다.

　물론 의문은 남아 있다. 어떻게 로라는 카드의 색깔을 알아맞췄을까? 휘트는 레스토랑에서 그 가족을 만나기 전에는 한 번도 그녀를 만난 적이 없었다. 따라서 사전에 미리 어느 카드가 빨간색이고 어느 카드가 검은색인지 알려 줄 수가 없었다. 그리고 로라는 장님이었기 때문에 앞에 있는 카드의 색깔과 종류를 분간하는 것이 불가능했다. 그렇다면 어떻게 된 일일까?

　휘트는 평생에 한 번 있을까말까 한 이 기적을 아무도 모르는 비밀 신호와 순간적인 재치로서 해낼 수 있었다. 마술 경력을 쌓던 초기에 휘트는 말을 사용하지 않고 단지 발의 신호를 이용해 한 사람이 다른 사람에게 정보를 전달하는 기술을 터득했다. 그는 그날 레스토랑에서의 그 만남이 있기 전까지만 해도 자신이 배운 기술을 사용할 기회가 한 번도 없었다.

　로라의 맞은편에 앉으면서 휘트는 말했다.

　"내가 지금 카드 한 장을 뽑아 들겠다, 로라. 카드는 검은색 아니면 빨간색일 거야."

　그렇게 말하면서 휘트는 발을 이용해 테이블 아래로 로라의 발을 건드렸다. 빨간색을 말할 때는 한 번, 그리고 검은색을 말할 때는 두 번을 건드렸다.

　로라가 이해했는가를 확인하기 위해 휘트는 그 비밀 신호를 다시 반복했다.

　"이제부터 넌 너의 영적인 힘을 사용해서 내가 뽑아든 카드가 빨간색인지(한 번 건드리고) 검은색인지(두 번 건드리면서) 알아맞추는 거다. 잘 알아듣겠니?"

로라가 알았다고 대답했을 때 휘트는 그녀가 둘만의 신호를 잘 이해하고 기꺼이 이 놀이에 참여할 마음이 있음을 알았다. 소녀의 가족은 휘트가 그녀에게 "잘 알아들었니?" 하고 재차 확인했을 때 그것을 그냥 말뜻 그대로만 이해했다.

그럼 하트 5인 경우는 어떻게 전달할 수 있었을까? 간단하다. 휘트는 그것이 5라는 걸 알리기 위해 로라의 발을 다섯 번 건드렸다. 그리고 그 카드가 하트인지, 스페이드인지, 클럽인지, 아니면 다이아몬드인지를 물으면서 '하트'를 말할 때 그녀의 발을 건드림으로써 정보를 알려 주었다.

그러나 마술은 이것으로 끝난 게 아니었다. 오히려 진정한 마술은 그것이 로라 자신에게 미친 영향이었다. 이 사건은 짧은 순간이지만 그녀를 빛나는 존재로 만들어 주었고, 가족 모두의 앞에서 자신을 특별한 사람으로 느낄 수 있게 해 주었다. 이 일로 인해 그녀는 일약 그 집안의 스타가 되었다. 로라의 가족은 자신들의 모든 친구들에게 로라가 펼쳐 보인 그 놀라운 '영적 체험'을 자랑스럽게 설명했다.

그 일이 있고 나서 몇 달 뒤, 휘트는 로라로부터 소포 하나를 받았다. 꾸러미 안에는 브라유식 점자(프랑스 사람 루이 브라유가 고안한 점자) 카드 한 벌과 편지 한 통이 들어 있었다.

편지에서 그녀는 아직도 그 순간의 감동과 흥분을 잊지 않고 있다고 전했다. 그리고 자신을 특별한 존재로 느끼게 해 준 것과, 몇 순간이라도 그녀에게 시력을 되찾아 준 것에 대해 깊이 감사드린다고 말했다. 그녀는 식구들이 계속해서 묻고 있지만 아직 누구에게도 자신이 어떤 트릭을 사용했는지 말하지 않았다고 고백했다. 그리고 그가 앞 못 보는 사람들을 위해 더 많은 마술을 펼쳐 보일 수 있도록 여기에 점자 카드 한 벌을 동봉한다고 그녀는 덧붙였다.

마이클 제프리

사랑의 기억

엘리노어는 할머니에게 무슨 잘못된 일이 생겼는지 알지 못했다. 할머니는 뭐든지 금방 잊어버렸다. 설탕을 어디에 뒀는지, 세금을 언제 내야 하는지, 야채는 언제 사러 가야 하는지 매사를 그렇게 잊어먹기만 하셨다.

엘리노어는 엄마에게 물었다.

"할머니가 왜 저러세요? 옛날에는 소문난 멋쟁이셨는데, 지금은 슬퍼 보이고 도무지 정신이 없어 보이세요. 뭐든지 잘 잊어버리구요."

엄마가 말했다.

"할머닌 다만 많이 늙으신 것뿐이야. 그래서 이젠 더 많은 사랑을 필요로 하시는 것이지."

엘리노어가 물었다.

"늙는 건 어떤 거예요? 늙으면 누구나 잘 잊어버려요? 나도 그렇게 돼요?"

엄마가 설명했다.

"누구나 늙는다고 해서 기억력이 사라지는 건 아니다, 엘리노어. 우리 생각엔 할머니가 치매에 걸리신 것 같아. 그래서 더 자주 모든 걸 잊어버리시지. 할머니가 필요한 보살핌을 받을 수 있도록 아무래도 할머니를 노인 요양원에 보내 드려야만 할 것 같다."

엘리노어는 놀라서 소리쳤다.

"엄마! 그건 너무 끔찍한 일이에요. 할머닌 집이 너무나 그리우실 거예요."

"당연히 그러시겠지. 하지만 우리가 할 수 있는 일은 그것말고는 많지 않아. 그곳에 가시면 할머닌 더 잘 간호를 받으실 테고, 새 친구분들도 사귀게 되실 거야."

엘리노어는 슬픈 표정을 지었다. 그 생각이 도무지 마음에 들지 않았다. 엘리노어는 물었다.

"그럼 우리가 자주 찾아가서 할머닐 만나도 돼요? 난 할머니가 잘 잊어버리시긴 해도 할머니와 얘길 나누는 게 좋단 말예요."

엄마가 대답했다.

"우리가 주말에 찾아가면 돼. 할머니에게 선물을 갖다 드릴 수도 있구."

그 말에 어린 엘리노어는 미소를 되찾았다.

"아이스크림 같은 것두요? 할머닌 딸기 아이스크림을 무척 좋아하신단 말예요."

엄마가 말했다.

"물론 딸기 아이스크림도 되지."

노인 요양원으로 할머니를 만나러 간 첫날 엘리노어는 울음을 터뜨릴 것만 같았다. 엘리노어는 말했다.

"엄마, 사람들이 전부 휠체어에 앉아 있어요."

엄마가 설명했다.

"휠체어에 의지하는 편이 더 나은 거야. 안 그러면 자꾸 넘어지니까."

할머니는 사람들이 일광욕실이라고 부르는 방의 한 구석에서 바깥의 나무들을 바라보며 혼자 멍하니 앉아 계셨다. 엘리노어는 달려가 할머니를 껴안으며 말했다.

"이걸 좀 보세요! 할머니께 선물을 가져 왔어요. 할머니가 가장 좋아하는 딸기 아이스크림이에요!"

할머니는 컵에 든 아이스크림과 작은 나무 스푼을 받아들고는 아무 말 없이 아이스크림을 드시기 시작했다. 엄마가 엘리노어를 안심시키려고 노력했다.

"할머닌 지금 아주 맛있게 드시고 계신 거야."

엘리노어는 실망해서 말했다.

"하지만 할머닌 우리가 누군지 알아보지도 못하세요."

엄마가 말했다.

"너무 조급히 생각하면 안 돼. 할머닌 지금 새로운 환경에 와 계시고, 여기에 적응하는 데 시간이 걸리실 거야."

하지만 다음 번에 엘리노어가 엄마와 함께 다시 할머니를 방문했을 때도 사정은 마찬가지였다. 할머니는 아이스크림을 드시며 엘리노어에게 미소를 보내긴 했지만 역시 아무 말도 하지 않으셨다.

엘리노어가 물었다.

"할머니, 제가 누군지 아시겠어요?"

할머니가 대답하셨다.

"물론 아다마다. 넌 나한테 아이스크림을 갖다 주는 아이 아니니?"

엘리노어는 두 팔로 그 노부인을 껴안으며 말했다.

"맞아요. 하지만 저는 할머니의 손녀딸 엘리노어이기도 해요. 절 기억 못하시겠어요?"

할머니는 엷은 미소를 지으셨다.

"기억하냐구? 분명히 기억하지. 넌 나한테 아이스크림을 갖다 주는 아이야."

문득 엘리노어는 할머니가 자기를 영원히 기억하지 못하리라는 걸 깨달았다. 할머니는 자기 혼자만의 세계 속에서 살고 계셨다. 그 세계는 온통 흐릿한 추억들과 고독감만이 존재하는 세계였다.

엘리노어는 할머니의 얼굴을 바라보며 말했다.

"할머니, 전 할머니를 아주 많이 사랑해요!"

그때 엘리노어는 할머니의 두 뺨에 눈물이 흐르는 걸 보았다. 할머니는 말씀하셨다.

"사랑? 그래, 난 사랑을 기억하지. 다른 건 기억 못해도 사랑은 기억한다."

엄마가 말했다.

"너도 들었지, 엘리노어? 지금 할머니가 원하시는 건 오직 사랑뿐이야."

엘리노어가 말했다.

"주말마다 꼭 할머니에게 아이스크림을 갖다 드리겠어요. 그리고 할머니가 저를 기억하지 못한다 해도 할머닐 껴안아 드릴 거예요."

결국 중요한 것은 그것이다. 누군가의 이름을 기억하는 것보다 사랑을 기억하는 것!

마리온 슈벌린

공원에서 있었던 일

하나님을 만나고 싶어하는 한 어린 소년이 있었다. 소년은 하나님이 살고 있는 곳까지 가려면 먼 여행이 필요하리라는 걸 알았다. 그래서 소년은 초콜릿과 음료수 여섯 병을 배낭에 챙겨 들고 여행길에 나섰다.

네거리를 세 개쯤 지났을 때 소년은 길에서 한 늙은 할머니를 만났다. 그녀는 우두커니 비둘기들을 바라보며 공원 벤치에 앉아 있었다.

소년은 그 할머니 옆에 앉아서 가방을 열었다. 음료수를 꺼내 마시려다 말고 소년은 할머니가 배고파 보인다는 사실을 알았다. 그래서 초콜릿을 꺼내 그 할머니에게 주었다.

할머니는 고맙게 그것을 받아들고 소년에게 미소를 지어 보였다. 할머니의 미소가 너무도 아름다웠기 때문에 소년은 그 미소를 다시 한번 보고 싶어서 이번에는 할머니에게 음료수를 건네 주었다. 할머니는 또다시 소년에게 미소를 지어 보였다. 소년은 매우 기뻤다.

그들은 그날 오후를 그렇게 먹고 마시고 미소 지으면서 공원의 벤치에 앉아 있었다. 그들은 그것밖에는 다른 말을 한 마디도 하지 않았다.

날이 어두워지자 소년은 피곤함을 느꼈다. 그래서 집에 돌아가려고 배낭을 챙겨들고 자리에서 일어섰다. 하지만 몇 걸음 걸어가다 말고 소년은 뒤돌아서서 그 노부인에게로 달려와 그녀를 꼭 껴안아 주었다. 할머니는 소년에게 가장 행복한 미소를 지어 보였다.

잠시 후 소년이 집 안으로 들어오자 소년의 어머니가 소년의 얼굴에 나타난 행복한 표성을 보고 놀랐다.

어머니가 소년에게 물었다.

"오늘 무엇을 했길래 넌 이렇게 행복해 보이니?"

소년이 대답했다.

"오늘 하나님과 함께 점심을 먹었어요."

엄마가 뭐리고 반응을 보이기 전에 소년이 덧붙였다.

"엄마도 아세요? 하나님은 내가 여태껏 본 것 중에서 가장 아름다운 미소를 가졌다구요."

그러는 동안 그 할머니 역시 기쁨으로 빛나는 얼굴을 하고 집으로 돌아왔다.

할머니의 아들이 그녀의 얼굴에 나타난 평화로운 표정을 보고 놀라서 물었다.

"어머니, 오늘 무슨 일이 있었길래 그렇게 행복한 표정이세요?"

그녀가 대답했다.

"난 오늘 공원에서 하나님과 함께 초콜릿을 먹었단다."
아들이 뭐라고 반응을 보이기도 전에 그녀는 덧붙였다.
"너도 아니? 그분은 내가 생각했던 것보다 훨씬 젊더구나."

줄리 A. 만한

호라이 상자

나는 한 사람에 불과하지만 그래도 나는 한 사람의 인간이다. 나는 모든 걸 다할 순 없지만 그래도 어떤 걸 할 수 있다. 그리고 나는 내가 모든 걸 할 수 없다고 해서 내가 할 수 있는 어떤 것까지 부정하지는 않을 것이다.

에드워드 E. 해일

"내가 가기 싫다는데 뭐가 이해가 안 간다는 거예요?"

나는 남편 래리에게 투덜거렸다. 래리는 의사였다. 그는 나더러 캘리포니아 북부의 타호 호수 근처에서 열리는 의학 세미나에 함께 가자고 고집을 부리는 것이었다. 때는 한겨울인 12월 중순이었다.

남편은 숫제 애원하다시피 말했다.

"나 혼자 장거리를 운전하고 싶지 않아서 그래. 그리고 내 계획을 좀 들어봐. 승용차 대신 제우스를 몰고 가는 거야."

제우스는 우리의 홈카(주방시설과 침실이 갖추어진 차. 미국

에선 여행시에 대중적으로 널리 사용되고 있음)에 붙여진 이름이다. 남편이 계속 말했다.

"그럼 당신도 따뜻하고 안락한 여행을 할 수 있을 테고 말야. 내가 모임에 참가하는 동안 당신은 차 안에서 곰인형이나 뜨게질하면서 쉬면 돼. 식사는 사먹으면 되구. 절대 차 안에서 요리를 만들게 하거나 설겆이를 시키진 않을게."

하긴 곧 있으면 크리스마스였다. 북적대는 휴가 기간을 고산지방의 고요함으로 대신한다는 계획이 내 마음을 끌어당겼다. 그 결과 이튿날 아침 나는 어느새 남편 곁에 앉아 제우스를 타고 타호 호수를 향해 떠나고 있었다. 따사로운 햇살이 새크라멘토 계곡의 서리들을 모두 날려 보내 주었다. 그것은 내 마음속에 있던 날씨에 대한 불안까지도 흩어 버렸다.

하지만 얼마 안 가서 도로가 시에라 산맥의 구릉지대들을 꾸불거리며 올라가는 동안 낮게 드리워진 회색 구름떼가 해를 가리며 위협적으로 소용돌이치기 시작했다. 햇살이 화창했던 아침은 순식간에 황량하고 스산한 오후로 바뀌었다. 남편이 라디오를 켜자 음악이 흘러나오는 대신 날씨 속보가 우리를 맞이했다.

"중앙기상대에서 말씀드리겠습니다. 거센 폭풍이 지금 시에라 네바다 산맥을 향하고 있습니다. 자동차를 운전하시는 분들은 스노우 체인을 준비해 눈길에 대비하셔야 합니다. 때로는 폭설을 동반할 수도 있습니다."

도너 서밋(시에라 산맥의 한 봉우리)에 이르렀을 때는 눈이 담요처럼 도로를 온통 뒤덮고 있었다. 차의 헤드라이트는 하얗게 소용돌이치는 눈발 속을 거의 뚫지 못했다.

나는 옆에 앉아서 불평을 하기 시작했다.

"집에 남아 있고 따라오지 말았어야 하는건대."

남편은 날 안심시키려고 노력했다.

"걱정하지 말아요. 타호 호수로 가는 대신에 레노(미국 네바다 주 서부의 도시)로 가자구. 그곳에 홈카 여행자들을 위한 작은 공원이 있거든. 근처에는 카지노와 식당들도 많이 있구 말야. 우리 그곳에 가서 쇼도 구경하면서 한번 호화스럽게 지내 보자구. 한 시간이면 그곳까지 충분히 갈 수 있어."

그렇게 해서 우리는 애초의 계획과는 달리 레노 시의 공원에 우리의 제우스를 주차시키게 되있다. 안전하고 꽤 괜찮은 공원이었다. 하지만 이제 우리가 있는 곳과 우리집 사이에는 거대한 산맥 하나와 눈보라 치는 폭풍설이 가로놓여 있었다. 다음날도 눈이 내렸고, 그 다음날도 눈이 내렸다. 또 그 다음날도. 우리는 카지노는 둘째치고 차 밖으로 백 미터도 외출할 수 없었다. 제우스 안에 앉아서 우리는 우리가 기진 모든 읽을 거리들을 낱낱이 다 읽었다. 그래도 시간은 마냥 느릿느릿 지나갔다.

그때 남편이 한 가지 제안을 했다.

"우리 크리스마스 파티를 열자구, 바로 여기서 말야! 흠가를 놓고 이 공원에 와 있는 모든 여행자들을 초대하는 거야. 지금쯤 다른 사람들도 답답해서 미칠 것 같을 거야."

나는 얼굴을 빛내며 그 제안에 동의했다.

"멋진 생각이에요! 내 필기함 어딨죠? 초대장을 만들어야겠어요."

내가 갖고 다니는 필기함은 평범한 연필 상자가 아니었다. 그것은 길이가 30센티, 높이가 20센티, 폭이 15센티에 달하는 일본식 소형 서랍장이었다. 각각의 모서리는 직각으로 검은색의 얇은 쇠가 덧대어져 있고, 맨 위칸은 경첩이 달려 있어서 위로 여닫을 수 있도록 되어 있었다. 그곳은 붓과 먹을 넣는 칸이었다. 그리고 전면에는 크기가 다른 일곱 개의 작은 서랍이 있었다.

서랍들마다엔 작은 자물쇠가 달려 있어서 운치를 더해 주었다. 또한 쇠못을 사용하는 대신에 대나무못을 사용해, 깍지를 끼듯이 공들여 짜맞춘 것이었다. 나무 재질은 골동품만이 갖는 적갈색의 고풍스러움을 지니고 있었다. 그것은 어디까지나 2백 년 동안 밀랍으로 정성들여 닦고 썩지 않도록 잘 보존한 결과였다. 우리가 결혼하고 나서 얼마 안 되어 남편이 그 필기 상자를 나에게 선물했다.

나는 잉크와 펜이 담긴 서랍을 열었다. 그리고 펜촉이 넓은 펜을 골라 큼지막한 필체로 여섯 장의 초대장을 만들었다.

〈오늘 저녁 여덟시에 23구획에 주차해 있는 홈카 제우스에서 포트럭 파티(각자가 음식을 갖고 와서 하는 저녁 파티)를 엽니다. 당신과 당신의 이웃분들을 초대합니다.〉

우리는 초대장을 들고 무릎까지 빠지는 눈길을 헤치고 가서 흰 이불 위에 양귀비 씨앗처럼 드문드문 흩어져 있는 홈카들의 문 손잡이에 단단히 붙여 놓았다.

시간이 되자 처음 보는 이방인들이 군침이 도는 음식과 술들을 들고 자기 소개를 하며 문앞에 나타났다. 우리는 모여 앉아 잡담을 나누고, 서로가 한 모험들을 주고받고, 농담을 하고, 흘러간 노래들을 부르며 즐거운 시간을 보냈다. 두 시간 뒤 손님들은 왔을 때와 마찬가지로 자발적으로 하나둘 떠났다.

　사람들을 모두 보내고 내가 막 신발을 벗으려는 찰나에 문에서 노크 소리가 들렸다.

　"늦어서 죄송합니다."

　어둠 속에서 한 목소리가 들려왔다.

　"저희는 밀러 부부입니다. 요 옆의 트레일러 하우스에 머물고 있죠."

　나는 서둘러 말했다.

　"어서 들어오세요. 어서요. 즐거운 파티에 좀 늦은 게 무슨 상관인가요."

　코와 뺨이 빨갛게 얼은 젊은 남자가 자기 소개를 했다.

　"전 알버트 밀러입니다. 이쪽은 제 아내 샐리이구요."

　샐리는 주저하듯 손을 내밀어 우리와 악수를 했다. 그런 다음 그녀는 마음이 내키지 않는다는 듯 말없이 팔걸이 의자에 가서 털썩 주저앉았다.

　알버트는 컴퓨터 프로그래머인 자신의 직업과 샌프란시스코 근처에 있는 자신의 집, 그리고 트레일러 하우스를 몰고 지난 두 달 동안 미국 서부를 여행한 일들에 대해 말했다. 샐리는 한 번도 입을 열지 않았다.

　나는 그들에게 향이 좋은 차를 대접했다. 그녀는 마지 못해 한 모금 홀짝거리고는 찻잔을 한쪽으로 치우려고 했다. 하지만 그렇게 하려면 그녀는 우선 내가 별 생각 없이 테이블 옆에 놓아둔 그 필기함을 치워야만 했다.

　그녀는 밤색 머리칼을 위로 쓸어올리고는 파란색이 감도는 초록색 눈으로 유심히 그 흥미있는 상자를 들여다보았다. 그 순간 나는 그녀의 어두웠던 표정이 달라지는 걸 눈치챘다. 그녀는 내가 애초에 추측했던 것보다 훨씬 젊어 보였다. 아직 서른살도 안 된 것 같았다. 하지만 그 표정의 변화가 정말인지 아니면 내 착각인지 확인하기도 전에 무뚝뚝하고 냉담한 표정이 다시금 그녀의 얼굴을 사로잡았으며, 그녀는 다시금 그녀 자신만의 세계로 뒷걸음질쳐 들어갔다.

내 남편도 나처럼 샐리의 그런 변화를 목격한 모양이었다. 그래서 우리는 긴장을 풀기 위해 그 상자에 대해 설명했다.

"1800년대에는 대부분의 일본인들이 문맹이었어요. 이 상자들은 장거리 여행을 하는 선비들이 이 마을에서 저 마을로 갈 때마다 필기도구를 챙겨갖고 다니던 상자였지요."

대화를 나눠 보려던 시도는 곧 실패로 끝나고 말았다. 샐리는 마음이 딴 데로 가 있었다. 알버트는 자리에서 일어나며 머플러를 집어들었다. 가야 할 시간이라는 암시였다.

서로 잘 자라는 인사를 나눈 뒤 알버트가 말했다.

"댁이 보내신 초대장에는 '각자 음식을 가져오라'고 적혀 있었지만 샐리는 요리를 하지 못합니다. 그래서 그 대신에 샐리가 쓴 책을 한 권 가져왔습니다. 샐리는 전에는 글을 썼거든요. 글을 아주 잘 썼지요."

곧이어 그 부부는 밤의 어둠 속으로 떠나갔다. 우리의 방문객들이 떠나자마자 래리가 말했다.

"전에 분명히 저 얼굴을 본 것 같아. 샐리 밀러의 얼굴이 아니라 그녀의 표정과 아주 비슷한 얼굴 말야. 틀림없이 어디서 본 적이 있는데 잘 기억이 나지 않는군."

다음날 아침은 햇빛이 화창하고 따뜻했다. 며칠 동안의 춥고 음산한 날씨에 대한 보상인 셈이었다. 마치 자연이 자신의 변덕스런 마음에 대해 사죄라도 하는 듯했다. 남편과 내가 홈카 지붕에 쌓인 눈을 쓸어내리고 있을 때 알버트 밀러가 다가와 인사를 했다.

"떠날 준비가 다 되셨나요?"

남편이 대답했다.

"옙. 쫓기는 일상생활로 다시 돌아가야죠."

알버트는 장화에 묻은 눈을 털려는 듯 발을 탁탁 굴렀다. 추운 걸까? 아니었다. 나는 그가 뭔가 말을 하기 위해 애써 용기를 내고 있다는 것을 느끼지 않을 수 없었다. 얘기를 꺼낼 적절한 순간을 기다리는 것 같았다. 마침내 그가 입을 열었다.

"떠나시기 전에 지난 밤 일에 대해 사과를 드려야 할 것 같군요. 제 아내 셀리는 지금 우울증으로 고생하고 있습니다. 초대장을 받고 나서 셀리를 트레일러 밖으로 끌어내기 위해 많은 설득을 했습니다. 새로운 사람들을 만나거나 파티에 참석하면 그녀의 기분이 나아질까 해서였죠. 하지만 제 생각이 틀렸습니다. 정말 죄송합니다."

알버트는 잠시 말을 멈추고 머플러를 만지작거리더니 얘기를 계속했다.

"우리는 석 달 전에 아이를 낳았습니다. 아이를 처음 가진 부모들이 으레 그렇듯이 우리도 걱정을 했습니다만 그럴 필요가 없었지요. 아기는 태어날 때부터 건강하고 튼튼했으니까요. 그런데 병원에서 퇴원해 집으로 돌아오고 나서 나흘 뒤에 아기는 요람에서 죽어 있었습니다. 의사들은 그것이 SIDS라고 하더군요. 그것에 대해 들어 본 적이 있으신가요? 유아 돌연사 증후군이라는 겁니다. 아무 조짐도 없고, 아무 원인도 없으며, 아무런 치료법도 없다는 거죠."

아, 그랬었군, 하고 우리는 생각했다. 우리도 그 병에 대해선 들은 적이 있었다.

"샐리가 우울증에 빠진 건 그때부텁니다. 의사들이 안정제와 진정제 등을 처방했지만, 그런 약들은 증상을 잠시 숨길 뿐이죠. 실제론 아무런 도움도 되지 않습니다. 우리가 잠시 그 집을 떠나 있는 게 좋겠다고 친구들이 권하더군요. 마음을 따라다니는 기억으로부터 멀어져 있는 게 좋겠다는 것이죠. 그래서 전 이 트레일러 하우스를 샀습니다. 그 이후 줄곧 이 차를 몰고 여행을 다니고 있지요. 하지만 이것도 별로 큰 도움이 되는 것 같지는 않군요."

우리는 뭔가 위로가 될 말을 하려고 시도했지만 적당한 말이 떠오르지 않았다. 우리는 단지 서로에게 여행길 조심하라는 말을 남기고는 각자의 차 안으로 들어갔다.

남편이 기다렸다는 듯이 말했다.

"이제 알겠어. 전에 샐리 밀러를 어디서 봤는지. 아니, 내 말은 저 트레일러에 사는 샐리 밀러가 아니라 그녀가 갖고 있는 그 무기력한 표정의 얼굴 말이야. 내가 인턴일 때 여성들의 정신병동에 잠시 근무한 적이 있었거든. 그곳에서 샐리처럼 우울증과 절망감에 빠진 여성들을 많이 본 적이 있어. 영혼이 빠져

달아난 신체와 텅 빈 의식 속에 갇혀 아무 희망 없이 살아가는 사람들이지."

남편은 탄식조로 말했다.

"불쌍한 샐리! 저런 병에서 회복될 전망은 오늘이나 18세기나 암울하긴 마찬가지야. 그 병의 희생자들은 으레껏 정신병원의 우리에 갇히게 되지. 왜냐하면 사람들은 충격 때문에 그 증상이 생긴 것이니까 아무리 끔찍하더라도 또다른 충격을 가하면 증세가 역전되리라고 믿고 있거든."

남편은 타이어를 발로 차고 오일을 체크하면서 집으로 돌아갈 여행 준비를 했다. 남편이 손을 씻기 위해 홈카 안으로 들어왔을 때, 나는 내 일본제 필기함의 작은 서랍들에 담긴 물건을 모두 꺼내는 중이었다.

남편이 놀라서 물었다.

"지금 뭘 하고 있는 거야?"

내가 대답했다.

"샐리에게 이 필기함을 선물하려구요. 잘 포장해서 리본을 매달아 샐리에게 줄 거예요."

남편은 펄쩍 뛰었다.

"당신 정신 나갔어? 그 물건이 우리 두 사람에게 얼마나 중요한 의미를 갖는지 잊었어? 그게 싸구려 물건인지 알아? 도대체 왜 그런 생각을 하게 됐지? 이유가 뭐야? 그것도 전혀 알지 못하는 사람에게 말야."

내 행동이 실수라 해도 틀림없이 그 뒤켠에는 어떤 강한 이유가 있었다. 나는 그 강한 이유를 딱이 꼬집어 말할 순 없었다. 설령 안다 해도 그것을 설명할 필요성을 느끼지 못했다. 나는 퉁명스럽게 대꾸했다.

"이 물건은 내 꺼니까 내 맘대로 할 수 있는 거 아녜요?"

그리고 나서 나는 한 마디 말도 없이 필기함을 포장하고 카드를 동봉한 뒤, 서둘러 밀러 부부의 트레일러 하우스로 가서 문 앞에 놓아둔 뒤에 그곳을 떠났다.

집까지 오는 동안 우리는 거의 아무 말도 하지 않았다. 잘못하다간 싸우게 될까 봐 염려해서였다. 날이 저물어갈 무렵 추위와 어둠이 우리들 사이의 긴장을 더 커지게 했을 때 마침내 내가 침묵을 깼다.

"샐리가 그 필기함을 처음 보았을 때를 잊었어요? 그녀의 얼굴이 환하게 돌아왔던 것을 당신도 목격했을 거예요. 만일 그녀가 그 상자를 곁에 두고 있으면 그것을 볼 때마다 그녀를 사로잡고 있는 우울증이 조금씩 벗겨져 마침내 완전히 치료될 수도 있지 않을까 하고 난 생각했어요. 당신도 알듯이 꺼져가는 불씨에 훅 하고 바람을 불어 주면 불꽃이 살아나고, 다시 몇 차례 더 불어 주면 마침내 큰 불꽃이 되어 활활 타오르기도 하잖아요."

남편이 맞받아쳤다.

"당신은 아직도 동화 속 이야기를 믿고 있군. 차라리 당신이 뜨게질해서 만든 곰인형 중 하나를 선물할 수도 있었잖아. 샐리는 신이 공정하지 못한 방법으로 인생의 카드놀이를 하고 있다고 믿고 있어. 절망은 그녀의 피난처야. 조만간 그녀도 정신병원에 가게 될 거라구."

그녀에 대한 남편의 평가는 줄곧 내 마음을 괴롭혔다. 왜냐하면 나는 그 후로도 밀러 부부로부터 어떤 감사의 말이나 편지를 받지 못했기 때문이다.

거의 일 년이 지났을 무렵, 하루는 집에 돌아왔더니 우리의 소중한 필기함이 현관 입구의 테이블에 놓여져 있었다. 금방 눈에 띄도록 누군가 일부러 그 자리에 놓아둔 것이 분명했다.

남편이 말했다.

"오늘 아침에 배달되었어. 주소에 우리 두 사람의 이름이 적혀 있길래 당신이 올 때까지 뜯지 않고 기다렸지. 여기 편지도 있어. 당신이 뜯어 보는 게 좋을 것 같다고 생각했어."

나는 봉투를 뜯고 편지를 읽었다.

캐더린과 의사 선생님께.

일찍 편지를 드리지 못해 죄송합니다. 하지만 이 편지를 읽으시고 나면 아마도 제 편지가 늦어진 이유를 이해하시고 저를 용서해 주시리라 믿습니다.

알버트가 저에게 당신들이 준 선물을 내밀던 날이 기억나는군요. 전 그것을 뜯어 보지도 않은 채 제 자신의 고독한 세계 속으로 뒷걸음질쳤습니다. 이튿날 아침 잠에서 깨어나 제가 맨 처음 본 것이 바로 그 필기함이었습니다. 창문으로 스며들어온 햇살이 그 상자 위에서 빛나고 있더군요. 마치 어두운 극장 안에서 혼자 서 있는 연기자에게 조명등이 비치는 것과 같았습니다.

그 단순한 선과 절묘한 장인 정신이 한 줄기 빛처럼 저의 우울한 마음속을 뚫고 들어왔습니다. 우아함과 아름다움이 다시 느껴지기 시작했습니다. 저는 필기함이 가진 정교함과 세밀함에 사로잡혀 그 서랍들과 자물쇠, 경첩, 서랍 손잡이 등을 어루만지며 한참을 놀았습니다.

저는 서둘러 옷을 입고 제가 병에 걸리기 시작한 이후 최초로 쇼핑을 하러 나갔습니다. 그렇습니다. 제가 앓던 병을 우울증이라고 부릅시다. 저도 이젠 그것을 객관적으로 바라볼 수 있게 되었으니까요. 그 필기함 덕분에 저는 처음으로 외출을 할 수 있었습니다. 다음날도 그 다음날도, 저는 날마다 펜과 잉크와 종이들을 사러 다니고, 새로운 장소들을 방문하고, 새로운 사람들을 만나고, 다시 시를 쓸 생각을 갖게 되었습니다.

얼마 후에 우리는 긴 여행을 마치고 집으로 돌아왔습니다. 저는 곧바로 도서관으로 가서 일본의 미술과 전통예술에 대한 책들을 읽어 내려갔습니다. 저는 그 필기함에 대해, 그리고 일본 목각품의 특별한 기법에 대해 많은 것을 배웠습니다. 저는 또 금세기 초에 일본으로 이주한 영국 문헌 학자 라프카디오 허른의 작업에 매료되었습니다. 그는 그곳에서 일본 여자와 결혼한 뒤 생애 대부분을 일본의 설화와 전설과 고전 작품들을 번역하면서 보냈습니다. 그는 자신의 저서에서 호라이에 대해 이야기하고 있습니다. 호라이는 겨울도 없고, 꽃들도 시들지 않는 장소이지요. 그곳에선 마음이 언제나 젊음을 유지하기 때문에 그곳에 사는 사람들 모두가 늘 미소를 짓고 있습니다. 저는 제 필기함에 호라이라는 이름을 붙였습니다.

저는 또 샌프란시스코의 박물관에 가서 일본의 예술과 문화에 대해 더 많은 걸 배울 수 있었습니다. 저는 지금 그 박물관에서 강사로 일하고 있습니다. 물론 알버트는 직장으로 돌아갔고

저 역시 저의 새로운 취미, 박물관 일, 집안의 허드렛일 사이에서 너무 바쁘고 너무 흥분이 되어 우울증에 빠질 겨를이 없었습니다.

이 무렵 저는 과거의 행복을 되찾았기 때문에 당신들에게 편지를 써야 한다고 생각하게 되었지요. 그런데 그때 저는 제가 임신을 했다는 사실을 발견했습니다. 옛날의 두려움과 의심이 되살아나서 저는 다시금 글 쓰는 일로부터 멀어졌습니다. 어쨌거나 우리는 지난 11월에 사랑스런 딸을 갖게 되었습니다. 이제 생후 두 달이 되었구요. 마침내 저는 제 자신이 과거로부터 벗어났음을 알았습니다. 저는 이제 당신들 두 분에게 정직하고 솔직하게, 그리고 감사하는 마음을 갖고 이 편지를 쓸 수 있습니다.

저는 당신들이 왜 제게 이 필기함을 주었는지 종종 의아했습니다. 동정심 때문이었을까? 사려 깊지 못한 충동적인 생각 때문이었을까? 아닙니다. 그렇지 않았을 겁니다. 그러던 어느날 저는 호라이가 신코로리고도 불린다는 사실을 알았습니다. 신코로는 신기루라는 뜻이지요. 손으로 만질 수 없는 어떤 환영을 말합니다.

이제 저는 알았습니다. 순간적인 영감을 통해 당신들이 그 만질 수 없는 어떤 세계를 느꼈음을. 당신들은 그 선물이 분명히 어떤 작용을 하리라는 걸 알았던 것입니다.

여기 호라이 상자를 돌려 드립니다. 제가 전보다 이것에 애착이 덜해서가 아니라, 당신들이 이것을 갖고 있으면 또다른 불행한 영혼을 도울 수 있을 것이라 생각하기 때문입니다. 물론 저는 또다시 그런 경우가 없길 바랍니다. 저는 이 호라이 상자가 영원히 우리의 만남을 기억하게 하는 행운의 물건이 되기를 바랍니다.

진심으로 감사의 말씀을 드리며,

샐리로부터.

〈추신〉 우리는 어린 딸의 이름을 캐더린으로 정했습니다.

물론 편지를 다 읽었을 때 나는 두 뺨에 눈물이 흥건히 흘러내리고 있었다. 남편은 몸을 돌리고서 안경을 닦았다. 하지만 그가 애초에 가졌던 차가운 의학적인 태도와 처음의 예언에도 불구하고 그 역시 눈시울이 붉어져 있음을 나는 눈치챌 수 있었다.

그 후로 우리가 제우스를 타고 특히 크리스마스 무렵에 여행을 떠날 때면 남편이 먼저 나에게 호라이 상자를 꼭 챙겨 갖고 가라고 충고하기에 이르렀다.

남편은 말한다.

"이 상자는 모든 사람들에게 선한 의지를 일깨워 주는 좋은 상징이야. 게다가 크리스마스 트리보다는 훨씬 자리를 적게 차지하거든."

캐더린 포돌스키

토마토

만일 당신이 당신의 가슴속에서 다른 사람을 도와 주고자 하는 마음을 발견할 수 있다면 당신은 인생에서 성공한 것이다.

마야 앤젤루

나는 진뜩 겁에 질렸다. 나는 캘리포니아의 플리샌턴 연방 교도소에서 렉싱턴의 연방 여성 교도소로 이감되고 있는 중이었다. 그곳은 죄수들로 만원이고 폭력으로 악명 높은 곳이었다.

8개월 전에 나는 아버지가 하는 사업에 연루되어 사기죄로 유죄 선고를 받았다. 어렸을 때부터 아버지는 나를 육체적으로, 정신적으로, 그리고 성적으로 학대했다. 그래서 아버지가 나를 찾아와 집안 사업 중에서 어머니가 맡던 자리를 나더러 맡아달라고 요구했을 때 나는 감히 거절할 수가 없었다. 나는 아버지 앞에서는 언제까지나 아무 도움도 받지 못하고 아무런 힘도 없는 다섯살짜리 어린 소녀에 불과했다. 그러니 "싫어요." 라고 말할 용기가 내게는 없었다.

몇 달 뒤 FBI가 찾아와 내가 서류에 서명을 한 장본인이냐고 물었을 때 나는 어려서부터 해오던 대로 대답할 수밖에 없었다. 나는 말했다.

"네, 내가 했어요. 아버지가 한 게 아녜요."

나는 유죄 판결을 받고 중죄인을 수감하는 감옥에서 생활하게 되었다.

판결을 받고 감옥으로 이송되기 전에 나는 성인 갱생 프로그램에 참여했다. 그곳에서 어렸을 때 입은 상처들을 치료하기 시작했다. 오랜 기간에 걸친 정신적 육체적 학대가 내 삶에 어떤 영향을 미쳐 왔는가를 나는 깨닫게 되었다. 그리고 어떤 기억들과 정신적인 상처들은 충분히 치료될 수 있음을 배웠다. 이 프로그램을 통해서 나는 내 주위에서 일어나는 모든 폭력과 혼란과 극도의 불면증이 사실은 내 자신의 마음속에 있는 혼란이 외부로 드러난 결과에 불과하다는 사실을 깨달았다.

나는 진리와 지혜가 담긴 책들을 접하기 시작했다. 그리고 나 자신의 진정한 모습을 일깨우는 긍정적인 문장들을 써 내려갔다. 마음속에서 아버지의 목소리가 나에게 "넌 아무 존재도 아니야."라고 소리칠 때마다 나는 그 목소리를 "넌 나의 사랑하는 자녀다."라고 말하는 신의 목소리로 대체했다. 그렇게 날마다 한 생각씩 나는 내 인생을 바꿔 나가기 시작했다.

악명 높은 렉싱턴의 연방 여성 교도소에 도착한 것은 실로 충격이었다. 나는 잔뜩 겁에 질렸다. 하지만 신이 아직도 나를 보호하고 있음을 깨닫는 뜻밖의 소중한 순간들을 갖게 되었다. 나에게 배당된 감방의 이름은 대부분의 다른 감방들처럼 〈블루그래스(미국 남부의 컨트리 뮤직의 하나)〉와 같은 켄터키 풍의 이름 대신에 〈르네상스〉라는 이름이 붙어 있었다. 그 이름은 '거듭남' 이라는 의미였다. 그 이름만으로도 나는 신을 신뢰하고 내 자신이 안전한 거처에 와 있음을 느꼈다. 나는 다만 진정으로 거듭나기 위해 더 많은 걸 배울 필요가 있었던 것이다.

이튿날 나는 건축 과정을 배우는 작업실에 배치되었다. 우리가 맡은 일은 연한 가죽으로 바닥을 닦고 건축재를 붙이는 일이었다. 그것은 재소자들이 사회로 돌아갔을 때 써먹을 수 있는 기술을 습득하기 위함이었다. 우리를 지키는 간수 리어 씨(그의 본명이 아님)는 우리를 가르치는 교사이기도 했다. 리어 씨는 재미있고 친절하다는 점에서 남다른 사람이었다.

통상적으로 재소자와 간수 사이에는 두 가지 규칙만이 존재한다. 재소자는 간수를 믿지 않으며, 간수 역시 재소자가 무슨 말을 하든 절대 믿지 않는다는 것이다. 하지만 리어 씨는 달랐다. 그는 우리에게 필요한 지식을 전달할 뿐 아니라 우리의 시간을 즐겁게 이끌어가려고 노력했다. 그는 결코 규율을 무시하진 않았지만 우리를 괴롭히거나 학대해서 우리의 작업실을 더 불행한 곳으로 만드는 따위의 행동은 결코 하지 않았다.

나는 여러 날을 두고 리어 씨를 지켜보았다. 그리고 그가 흥미있는 표정으로 나를 바라본다는 사실을 알았다. 나는 종종 그런 시선을 받곤 했다. 나는 감옥에 들어와서도 전처럼 캔자스 시티 근교의 가정주부 같은 모습을 하고 있었기 때문이다. 어딜 봐도 나는 감옥에 갇힌 죄수처럼 보이지 않았다.

어느날 리어 씨와 나는 작업실에 단 둘만이 남게 되었다. 마침 내 그가 내게 물었다.

"당신은 대체 왜 감옥에 갇힌 거요?"

나는 그에게 사실을 설명했다. 그는 내 이야기를 귀 기울여 듣더니 나의 아버지도 감옥에 갇혀 있느냐고 물었다. 나는 그렇지 않다고 대답했다. 아버지를 고발할 어떤 육체적인 범죄의 증거도 없을 뿐 아니라 나의 여자 형제와 남자 형제들 모두가 아버지가 범죄에 개입되었다는 내 주장이 새빨간 거짓이라고 아버지를 옹호했기 때문이다.

리어 씨는 이 말을 듣고 화가 난 듯했다. 그는 내게 물었다.

"그런데 당신은 왜 그처럼 행복해 보이는 거요?"

나는 행복과 평화는 인간의 내면에서 발견할 수 있음을 설명했다. 그리고 내가 배워 나가고 있는 단순한 진리들을 그에게 들려 주기 시작했다. 나는 그에게 자유의 진정한 의미에 대해, 그리고 믿음의 결과를 볼 수 있기 전에 먼저 자신이 그것을 믿어야 한다는 것 등에 대해 말했다.

그런 다음에 나는 리어 씨에게 몇 가지 질문을 던졌다. 배우는 일에 관심조차 없는 재소자들에게 어떻게 하면 그렇게 열의를 갖고 가르칠 수 있는가? 또 공포 분위기와 분노의 감정으로 가득한 감옥이라는 체제 안에서 어떻게 그토록 행복한 마음과 친절함을 잃지 않을 수 있는가?

리어 씨는 그것이 무척 어려운 일임을 인정했다. 그리고 사실 그것은 그가 가장 원하는 직업이 아니었다. 그는 자신의 꿈은 직업군인이 되는 일이라고 말했다. 하지만 그는 이 꿈을 실현시키는 것을 두려워하고 있었다. 왜냐하면 현재 안정된 직업과 먹여 살려야 할 아내와 자식들이 있기 때문이었다.

나는 자신의 가슴속에 있는 열망은 그것이 실현되기 전에는 다른 어떤 것으로도 대체할 수 없음을 설명했다. 나는 리어 씨에게 그가 원하는 것은 무엇이든지 할 수 있다고 말했다. 그리고 나는 우리 모두가 조금씩은 스스로 만든 감옥에 자신을 가두고 있다는 것을 상기시켰다.

우리의 대화는 그 이후에도 몇 주 동안 계속되었다. 리어 씨에 대한 나의 신뢰의 감정은 더 커져갔다. 나는 그를 두려워하지 않아도 되는 간수라고 여겼다. 다른 간수들은 갑자기 나에게 불복종죄나 반항죄를 뒤집어 씌워 작업 시간을 연장시키거나 나를 독방에 처넣곤 했다. 그것은 그들 자신의 개인적인 좌절감이나 분노를 해소하기 위함이었다. 감옥에선 이런 일이 잦다. 특히 여성 교도소에선 더욱 심하다.

따라서 리어 씨가 어느날 갑자기 나에게 다가와 아무 이유도 없이 화를 냈을 때 내가 받은 충격이 얼마나 컸는지 상상이 갈 것이다. 그는 내게 소리쳤다.

"로고프, 넌 당장 내 사무실로 가서 선반에 있는 것들을 모두 치워라. 알겠나? 선반 위에 하나도 남지 않을 때까지 깨끗이 치우란 말야."

나의 어떤 점이 리어 씨를 화나게 했는지 아무리 해도 기억이 나지 않았다. 하지만 나는 그의 명령에 복종하는 것밖에는 다른 도리가 없었다. 나는 "알았습니다."라고 말하고는 그의 사무실로 갔다. 내 얼굴은 수치심으로 붉어졌다. 내 감정은 심하게 상처를 입었다. 나는 그를 다른 사람이라고 생각했었다. 우리가 그동안 인간 대 인간으로 대화를 해 왔다고 자부했었다. 하지만 사실은 나는 그에게 있어서 다른 재소자들과 하나도 다를 바 없었던 것이다.

내가 사무실로 들어가자 리어 씨는 내 뒤에서 문을 쾅 닫고는 복도에 서서 주위를 살폈다. 나는 흐르는 눈물을 훔치며 선반을 바라보았다. 서서히 내 얼굴에 미소가 번졌다. 선반은 텅 비어 있었다. 단지 잘 익은 붉은색 토마토 하나와 소금통이 얹혀져 있을 뿐이었다.

리어 씨는 내가 거의 일 년 동안 감옥에 갇혀 있었기 때문에 그 기간 동안 싱싱한 토마토를 한 번도 먹지 못했음을 알고 있었다. 그는 자신의 텃밭에서 그 토마토를 몰래 들여왔을 뿐 아니라 다른 간수들이 눈치채지 못하도록 나를 위해 복도에서 망을 봐 주기까지 했다. 그날 내가 먹은 그 토마토는 내 생애에서 가장 맛있는 과일이었다.

그 단순한 친절의 행위, 나를 하나의 수감번호가 아니라 인간 존재로 여겨 준 그 단순한 친절의 행위가 내 치료 여행에 큰 힘이 되어 주었음은 두말 할 필요가 없다. 나는 내가 감옥에 갇힌 것이 결코 우연한 사건이 아니라 깊은 곳에 있는 내 학대받은 상처를 치료할 소중한 기회였음을 깨달았다. 그리하여 훗날 나는 다른 상처들까지 치료할 수 있었다.

리어 씨는 나의 간수이자 나의 친구였다. 나는 감옥에서 석방된 이후 그를 만날 수도 없었고 소식조차 들을 수 없었다. 하지만 나는 우리집 텃밭에서 토마토를 딸 때마다 매번 그에 대해 생각하지 않을 수 없다. 리어 씨가 오늘날의 나처럼 자유로워져 있기를 바라는 것이 나의 소망이다.

바바라 로고프

눈에 비친 자비심

여러 해 전, 미국 북부 버지니아 주에서의 일이다. 어느 몹시 추운 저녁에 한 노인이 강을 건너기 위해 기다리고 있었다. 강은 무릎 정도의 깊이였지만 군데군데 얼어 있어서 함부로 건널 수가 없었다.

혹독한 추위 때문에 노인의 수염이 고드름처럼 얼어서 반짝였다. 춥고 지루한 기다림이 계속되었다. 살을 에는 듯한 북풍한설 속에서 노인의 몸은 점점 뻣뻣하게 얼어갔다.

그때 노인은 얼어붙은 길 저편을 질주해 오는 흐릿한 말발굽 소리들을 들었다. 일정한 간격으로 말을 탄 사람들이 달려오고 있었다. 말을 얻어타면 쉽게 강을 건널 수 있을 것 같았다. 노인은 초조해 하며 몇 명의 신사들이 말을 타고 모퉁이를 돌아오는 것을 지켜보았다.

하지만 첫번째 사람이 앞을 지나가는 데도 노인은 도움을 청하려는 아무런 손짓도 시도하지 않았다. 두번째 사람이 지나가고, 이어서 세번째 사람이 지나갔다. 노인은 계속해서 가만히 서 있기만 했다. 마침내 마지막 사람이 눈사람처럼 서 있는 노인 앞으로 말을 타고 다가왔다. 이 신사가 가까이 오자 노인은 그의 눈을 바라보며 말했다.

"선생님, 이 노인을 강 건너까지 태워다 주시겠습니까? 걸어서는 건너갈 수가 없군요."

말의 고삐를 늦추며 그 사람이 말했다.

"좋습니다, 그렇게 하지요. 어서 올라타세요."

노인의 몸이 얼어서 제대로 움직이지 못한다는 걸 알고 그 신사는 말에서 내려 노인이 말에 올라타는 것을 도와 주었다. 그리고 그 사람은 노인을 강 건너로 데려다 주었을 뿐 아니라 몇 킬로미터 떨어진 노인이 가고자 하는 목적지까지 태워다 주었다.

작고 안락한 노인의 오두막에 도착했을 때 말에 탄 신사가 호기심에 차서 물었다.

"노인장, 당신은 다른 사람들이 말을 타고 지나갈 때는 아무런 부탁을 하지 않았습니다. 그런데 내기 기까이 가자 얼른 태워 달라고 부탁했습니다. 그것이 무척 궁금하군요. 이토록 추운 겨울날 밤에 당신은 계속 기다렸다가 맨 마지막에 오는 나에게 말을 태워 달라고 부탁을 했습니다. 만일 내가 거절했다면 당신은 그곳에 그냥 남겨졌을 것 아닙니까?"

노인은 천천히 말에서 내린 뒤 그 사람의 눈을 똑바로 쳐다보며 말했다.

"나는 이 지방에서 오랫동안 살았습니다. 그래서 나는 내가 사람들을 잘 안다고 믿고 있지요."

노인은 계속해서 말했다.

"나는 말을 타고 오는 다른 사람들의 눈을 보았습니다. 그리고 그들이 내 처지에 아무런 관심이 없음을 알았습니다. 따라서 그들에게 태워 달라고 부탁하는 것은 소용없는 일이었습니다. 하지만 당신의 눈을 보았을 때 나는 그곳에 친절과 자비심이 비친 것을 분명히 보았습니다. 그때 나는 알았습니다. 당신의 따뜻한 마음이 곤경에 처한 나를 도와 주리라는 걸 말입니다."

그 신사는 노인의 말에 깊은 감동을 받았다. 그는 노인에게 말했다.

"당신이 해 주신 얘기에 깊이 감사를 드립니다. 앞으로도 내 자신의 생각에 열중하느라 다른 사람들의 불행한 처지를 망각하는 그런 잘못을 저지르지 않도록 노력하겠습니다."

그 말을 마치고 미국 제3대 대통령인 토마스 제퍼슨은 말을 몰고 백악관으로 돌아갔다.

작자 미상

세븐 일레븐에서 생긴 일

몹시 추운 콜로라도 주 덴버 시의 겨울날 아침이었다. 날씨는 예측하기가 어려웠다. 먼저 따뜻한 훈풍이 불어와 눈을 녹이고는 모퉁이를 돌아 뒷골목과 낮은 지대를 지나더니 시야에서 완전히 사라졌다. 그런 다음에는 앙갚음을 하듯 혹독한 추위가 되돌아와 또다시 길과 지붕 전체를 하얗게 덮어 버렸다. 지난 번 돌풍에 휩쓸려 가지 않고 남아 있던 일바 안 되는 것들마저 꽁꽁 얼었다. 거리를 오가는 사람들은 얼음판 위에서 팔을 휘저으며 고꾸라지기 일쑤였다.

이런 날은 집 안에 있는 것이 제격이다. 코감기에 걸려 엄마가 끓여 주는 따뜻한 수프를 기다리는 것이 어울린다. 그리고 뉴스로 가득한 라디오 방송을 들으면서 눈이 지붕 높이까지 내리는 그다지 나쁘지 않은 상상을 해 보는 것도 좋으리라. 그날은 바로 그런 날이었다.

하지만 나는 그럴 형편이 아니었다. 덴버 컨벤션 센터에서 이백 명의 남녀를 대상으로 강연 일정이 잡혀 있었다. 그들 역시 나처럼 코를 훌쩍이며 엄마가 끓여 주는 수프를 기다릴 처지가 못 되는 사람들이었다. 사실 날씨에 대해선 우리가 어떻게도 할 수 없다. 날씨에 대해 떠드는 것 말고는.

벌써 사람들이 다 모여 있었다. 나는 무선 마이크에 들어갈 건전지가 필요했다. 게으름 피울 시간이 없었다. 여분의 건전지를 챙겨 오는 걸 잊었던 것이다. 정말로 다른 선택의 여지가 없었다. 나는 건전지가 필요했다. 그래서 나는 머리를 숙이고, 단단히 옷깃을 세운 뒤, 형편없이 얇은 신사화 구두를 끌면서 살을 에는 바람 속으로 걸어나갔다.

걸음을 옮길 때마다 양복 바지가 뒤로 달라붙었다. 옷이 너무 얇아서 만일 이런 어리석은 옷차림으로 바깥에 나가는 걸 알았다면 엄마는 틀림없이 나를 집 밖에 내보내지 않으셨을 것이라는 생각이 들었다.

모퉁이를 돌자 24시간 영업하는 세븐 일레븐 편의점의 작은 간판이 시야에 들어왔다. 보폭을 크게 해서 좀더 빨리 걸으면 숨을 쉬지 않고서도 그곳까지 갈 수 있으리라는 생각이 들었다. 바람이 어찌나 맹렬하고 차가운지, 숨을 들이쉬면 기관지가 금방 타 버릴 것만 같았다. 덴버에 사는 사람들은 외지인들에게 덴버의 겨울은 참을 만한 괜찮은 경험이라고 농담을 한다. 이곳에서의 생활이 어떠냐고 묻는 친척들의 질문에 덴버의 시민들은 곧잘 말한다.

"좀 건조한 편이지요."

좀 건조하다구! 맙소사! 이건 순전히 고추가 다 얼어붙을 것만 같은 날씨다. 습도가 부족한 것은 전혀 문제가 되지 않는다.

북극을 능가하는 시속 60킬로의 강풍이 등짝을 냅다 후려칠 때는 말이다.

세븐 일레븐 안에는 두 영혼이 있었다. 계산대 뒤에 있는 여성은 로베르타라고 적힌 이름표를 가슴에 달고 있었다. 얼굴 표정으로 보아 로베르타는 얼른 집에 가서 자신의 아이들에게 따뜻한 수프를 끓여 주며 위로의 말을 하고 싶은 표정이 역력했다. 그런 소망과는 다르게 그녀는 지금 사람의 발길조차 뜸한 시내 한복판에서 상업의 첨병 역할을 하며 하루를 보내고 있었다. 아마도 그녀는 이토록 추운 날에 바깥으로 나온 소수의 어리석은 자들에게 피난처를 제공하리라.

추위로부터 피신해 온 또다른 영혼은 키가 크고 나이가 많은 어떤 노신사였다. 그는 지금 자신이 들어와 있는 장소가 무척 편안해 보였다. 서둘러 편의점 문을 나가서 무자비한 바람과 싸우고 싶은 표정이 결코 아니었다. 더구나 얼음이 뒤덮인 거리는 늙은 나이의 사람에게는 위험천만이었다.

나는 그 노신사가 제정신이 아니거나 아니면 길을 잃었을지도 모른다는 생각을 갖지 않을 수 없었다. 이런 날에 밖으로 나와 다리를 질질 끌며 세븐 일레븐까지 물건을 사러 나온 걸 보면 올바른 생각이 박힌 사람이라고는 보기 어려웠다.

어쨌든 나는 제정신이 아닌 노인에게 관심을 둘 시간이 없었다. 나는 건전지가 필요했다. 그리고 다른 일들을 제쳐 놓고 내가 컨벤션 센터로 돌아오기를 기다리고 있는 이백 명의 중요한 사람들이 있었다. 우리에겐 목적이 있었다.

그런데 그 노인이 어쨌든 나보다 먼저 계산대 앞으로 다가갔다. 노인은 아무 말도 없이 자기가 고른 물건들을 계산대 위에 올려 놓았다. 로베르타는 그 빈약한 물건들을 하나씩 들어 각각의 가격을 계산기에 등록했다. 이 노인은 지금 싸구려 옥수수빵 하나와 바나나 하나를 사기 위해 이 추운 덴버의 겨울 아침을 뚫고 밖으로 나왔단 말인가. 이런 엄청난 실수가 다 있다니!

정상적인 사람이라면 그런 옥수수빵 한 개와 바나나 한 개 정도는 봄이 올 때까지 기다릴 수 있었을 것이라고 나는 생각했다. 동장군이 물러나고 거리가 웬만큼 기운을 추스렀을 때 천천히 산책을 하며 나와서 사 갈 수도 있으리라. 하지만 이 노인은 아니었다. 그는 마치 내일이 존재하지 않는다는 듯 낡은 노구를 이끌고 이 추운 겨울 아침 속을 항해해 온 것이다.

어쩌면 그에게는 정말로 내일이 없을지도 모를 일이었다. 다시 말해 그는 매우 나이가 많아 보였다.

마침내 로베르타가 금액을 말하자 지치고 늙은 손이 낡은 바바리 코트의 주머니 속을 뒤지기 시작했다. 나는 생각했다.

'오, 제발! 하루 종일 꾸물거릴 거예요? 난 지금 무척 바쁘단 말예요!'

주머니를 뒤지던 손이 마침내 동전 지갑을 꺼냈다. 지갑은 노인의 나이만큼이나 오래된 것이었다. 동전 몇 개와 구겨진 1달러 지폐 한 장이 계단대 위로 떨어졌다. 로베르타는 마치 보물이라도 받은 듯이 그것들을 소중히 다뤘다.

그 열악한 물건들이 비닐봉지에 담기고 났을 때 전혀 예기치 않았던 일이 일어났다. 노인은 아무 말 없이 늙고 지친 손을 천천히 계산대 너머로 내밀었다. 그 손은 떨리고 있었지만 움직이는 방향이 확실했다.

로베르타는 비닐봉지의 손잡이를 벌려 노인의 손목에 부드럽게 걸어 주었다. 허공에 매달려 있는 손가락들은 노인의 나이를 상징하듯 온통 주름투성이였다.

로베르타는 크게 미소를 지었다. 그리고는 계산대 너머로 몸을 숙여 노인의 또다른 늙은 손을 들어올리더니 그 두 손을 맞잡아서는 자신의 뺨으로 가져갔다.

그녀는 그렇게 노인의 손을 자기 얼굴에 대고 따뜻하게 덥혀주기 시작했다. 위 아래, 그리고 양옆까지.

노인의 언 손이 일마쯤 녹았을 때 로베르타는 손을 뻗어 노인의 굽은 어깨로 흘러내린 스카프를 집었다. 그녀는 그것을 노인의 목 둘레에 꼭 동여매 주었다. 그때까지도 노인은 한 마디의 말도 하지 않았다. 그는 마치 그 순간을 자신의 기억 속에 영원히 새겨 두기라도 하려는 듯 정지한 채로 가만히 서 있었다. 그 기억이 적어도 내일 아침까지는 살아 있어야 하리라. 그가 다시금 추위 속을 뚫고 이곳까지 와야 하는 내일 아침까지는.

로베르타는 노인의 늙은 손을 교묘히 빠져나가는 단추 하나를 단단히 채워 주었다. 그런 다음 그녀는 노인의 눈을 들여다보면서 손가락을 들어 조롱하듯이 노인에게 말했다.

"자, 존슨 씨! 건강 조심하셔야 해요!"

그러더니 그녀는 강조하려는 듯 약간 말을 멈췄다가 진심 어린 목소리로 덧붙였다.

"난 내일도 당신이 여기에 꼭 나타날 수 있기를 바란다구요."

그 마지막 말을 귀에 담은 채로 노인은 자기가 산 물건을 들고 천천히 돌아섰다. 잠시 머뭇거리다가 지친 발 하나가 질질 끌리며 다른 발 앞으로 약간 나아갔다. 그렇게 그는 천천히 움직이면서 덴버의 겨울 아침 속으로 나아갔다.

그 순간 나는 깨달았다. 그 노인이 바나나 한 개와 옥수수빵 하나를 사기 위해 그곳에 온 게 아니라는 걸. 그는 따뜻해지기 위해서 온 것이다. 그의 가슴속까지.

나는 말했다.

"와우, 로베르타! 정말 대단한 고객 서비스군요. 저 노인이 당신의 삼촌이거나 이웃에 사는 사람인가요? 아니면 당신에게 특별한 사람이라도 되나요?"

로베르타는 내 말에 기분이 상한 표정이었다. 특별한 사람에게만 그런 훌륭한 서비스를 한다는 내 생각을 그녀는 이해할 수 없었던 것이다. 로베르타에게는 모든 사람이 특별한 존재였던 것이다.

스콧 그로스

친절의 행위

당신은 당신의 농료들을 위해 시간을 내야 한다. 설령 그것이 아무리 작은 일일지라도 다른 사람을 위해 뭔가를 하라. 그것을 하는 특권 외에는 아무런 보상도 바라지 않는 뭔가를.

알버트 슈바이처

미국 남북 전쟁이 한창일 때 에이브라함 링컨은 종종 부상당한 병사들이 입원해 있는 병원을 방문했다. 한번은 의사들이 심한 부상을 입고 거의 죽음 직전에 있는 한 젊은 병사에게로 링컨을 안내했다.

링컨은 병사의 침상 곁으로 다가가서 물었다.

"내가 당신을 위해 할 수 있는 일이 뭐 없겠소?"

병사는 링컨을 알아보지 못하는 게 분명했다. 그는 간신히 이렇게 속삭였다.

"저의 어머니에게 편지 한 통만 써 주시겠어요?"

펜과 종이가 준비되었다. 대통령은 정성스럽게 젊은이가 말하는 내용을 적어 내려갔다.

"보고 싶은 어머니, 저는 저의 의무를 다하던 중에 심한 부상을 당했습니다. 아무래도 회복되지 못할 것 같군요. 제가 먼저 떠나더라도 저 때문에 너무 슬퍼하지 마세요. 존과 메리에게도 저 대신 입 맞춰 주시구요. 신께서 어머니와 아버지를 축복해 주시기를 빌겠어요."

병사는 기력이 없어서 더 이상 얘기를 계속할 수가 없었다. 그래서 링컨은 젊은이 대신 편지 말미에 서명을 하고 이렇게 덧붙였다.

"당신의 아들을 위해 에이브라함 링컨이 이 편지를 대필했습니다."

젊은 병사는 그 편지를 자기에게 보여 달라고 부탁했다. 그는 마침내 편지를 대신 써 준 사람이 누구인가를 알고는 깜짝 놀랐다.

병사가 물었다.

"당신이 정말로 대통령이신가요?"

링컨이 조용히 대답했다.

"그렇소. 내가 대통령이오."

그런 다음 링컨은 자신이 할 수 있는 다른 일이 없는가를 그에게 물었다.

병사가 말했다.

"제 손을 잡아 주시겠습니까? 그렇게 하면 편안히 떠날 수 있을 것 같습니다."

소용한 실내에서, 키가 크고 수척한 링컨 대통령은 청년의 손
을 잡고 그가 숨을 거둘 때까지 그에게 따뜻한 용기의 말들을 나
즈막히 들려 주었다.

<더 베스트 오브 비츠 앤 피이시즈>에서

두 가족

금세기 초에 일본에서 이민온 한 가족이 샌프란시스코 근처에 자리잡았다. 그들은 장미 농장을 일구어 일주일에 세번씩 이른 아침마다 장미꽃을 트럭에 싣고 샌프란시스코로 배달하는 사업을 정착시켰다.

또다른 가족은 스위스에서 이민온 사람들이었다. 그들 역시 장미 재배 사업을 했다. 이들의 장미꽃은 샌프란시스코 꽃시장에서 널리 알려져 두 가족은 웬만큼 성공을 거두었다.

거의 40년이 넘도록 두 가족은 이웃으로 살았다. 그리고 그 아들들이 농장을 물려받았다. 그러다가 1941년 12월 7일에 일본이 미국 진주만을 공격했다. 다른 식구들은 이미 미국인으로 귀화했지만 그 일본인 가정의 아버지만은 그때까지도 고집스럽게 일본 국적을 간직하고 있었다. 그래서 그 일본인 가족은 곧 강제 수용소로 끌려갈 처지가 되었다.

그들이 끌려가고 나면 장미 농장은 폐허가 되어 버릴 것이 분명했다. 그들이 반세기 가까이 열심히 일궈 놓은 사업이 하루 아침에 물거품으로 돌아갈 판이었다. 이때 이웃에 사는 스위스인 가족이 찾아와서 말했다.

"아무 염려하지 마시오. 우리가 당신들의 농장을 대신 돌봐 주겠소."

수없이 감사의 절을 하는 일본인 가족에게 스위스인 가정의 아버지는 말했다.

"당신들이라도 당연히 그렇게 했을 겁니다."

얼마 후에 일본인 가족은 콜로라도 주 그라나다에 있는 황폐한 장소로 강제 이주당했다. 그 강제 수용소는 아주 형편 없었다. 기름종이로 지붕을 한 군대 막사에다, 철조망과 무장한 경비대가 삼엄하게 지키고 있었다.

꼬박 일 년이 흘렀다. 그리고 다시 두 해가 지나고 세 해가 지났다. 일본인 이웃이 수용소에 억류돼 있는 동안 그들의 친구인 스위스 가족은 두 군데의 장미 농장에서 땀을 흘리며 일해야만 했다. 아이들은 아침 일찍 일어나 학교에 가기 전까지 일을 했고, 아버지는 하루에 16시간 이상을 일했다.

어느날 유럽에서의 전쟁이 막을 내리자 일본인 가족은 다시 짐을 꾸려 열차에 실렸다. 오랜 기간의 유배가 끝나고 마침내 그들은 집으로 돌아올 수 있었다.

집에 돌아온 그들은 무엇을 보았을까?

그 가족이 열차에서 내리자 그들의 이웃이 마중을 나와 있었다. 집으로 돌아온 일본인 가족은 자신들의 눈을 의심하지 않을 수 없었다. 그들이 떠날 때와 마찬가지로 잘 다듬어진 장미 농장이 햇빛을 받으며 건강하고 싱싱하게 자라고 있었다.

그리고 스위스인 가정의 아버지가 은행 예금통장을 일본인 아버지의 손에 건네 주었다.

일본인 가족은 집 안으로 들어갔다. 집 안 역시 장미 농장만큼 잘 관리되어 있었다. 거실의 테이블 위에는 이제 막 피어나기 직전의 붉은색 장미 송이 하나가 꽂혀 있었다. 한 이웃이 다른 이웃에게 주는 선물이었다.

다이안 래이너
캐롤 브로드벤트 *제공*

한밤에 찾아온 손님

사랑은 인간을 치료한다. 그것을 주는 사람과 받는 사람
양쪽 모두를.

칼 메닝거 박사

그때 우리는 가족끼리 모험 여행을 하고 있던 중이었다. 아내
주디트와 우리의 두살 난 딸 라일라를 데리고 나는 캠핑용의 소
형 홈카를 한 대 빌려 멕시코의 바하 캘리포니아 지역을 여행하
고 있었다. 여행이 거의 끝나갈 무렵, 그러니까 우리가 샌디에고
로 돌아오기 전날 우리는 마지막 밤을 대자연 속에서 보내기로
결정했다. 그래서 해변 근처에 우리의 홈카를 주차시켰다.

한밤중에 주디트가 팔꿈치로 나를 찌르며 일어나라고 소리치
는 바람에 나는 잠이 깼다. 처음 내 귀에 들려온 것은 시끄러운
소음과 몽둥이로 무엇인가를 강타하는 소리였다. 거의 방향 감
각을 잃은 채로 나는 침대에서 뛰어내려 옷을 홀랑 벗고 자동차
의 앞유리창을 바라보았다.

그 순간 내 눈에 들어온 장면 때문에 나는 잠이 확 달아났다. 복면을 한 남자들이 차 앞에 서서 몽둥이로 유리창을 깨부수고 있었다.

모험 영화를 많이 본 탓에 나는 내 자신이 위험에 처하면 어떤 기분이 들고 어떤 행동을 할 것인가가 늘 궁금했었다. 나는 단호하게 영웅의 역할로 뛰어들었다. 아무런 두려움도 느껴지지 않았다. 지금은 가족을 구할 시기였다.

나는 재빨리 운전석으로 몸을 날려 차의 시동을 걸었다. 그 여행 기간 동안 홈카는 최소한 50번이 넘게 완벽하게 시동이 걸렸었다. 그런데 지금은 몇 번 힘겹게 부르릉거리더니 시동이 완전히 꺼져 버렸다. 이어서 유리창 깨지는 소리와 함께, 손 하나가 운전석 쪽 창문을 뚫고 쑥 들어왔다. 나는 그 손을 후려갈겼다. 물론 난 폭력을 행사할 생각이 없었다. 평생 동안 평화주의자로 살아온 나였다. 사실 난 지금도 그 당시 내가 총을 갖고 있지 않았던 것을 다행으로 생각한다. 안 그러면 난 그것을 사용했을지도 모르니까.

깨진 유리창에 찔려 내 손에선 피가 흐르기 시작했다. 나는 한 번 더 차의 시동을 걸 기회가 있다고 판단했다. 상상 속에서 천 번도 넘게 영웅의 역할을 해낸 바가 있기 때문에 나는 내가 그렇게 할 수 있으리라는 걸 결코 의심하지 않았다.

하지만 엔진은 다시 부르릉거리더니 힘없이 꺼졌다. 그때 누군가 내 목에 권총을 들이댔다. 그 순간 이런 생각이 머릿속에 떠올랐던 것이 기억난다.

'내가 가족을 구할 수 없단 말인가?'

그런 무기력한 내 자신에 나는 너무 놀랐다. 영어를 겨우 할 줄 아는 강도 하나가 소리쳤다.

"돈 내놔! 어서 돈 내놔!"

권총은 여전히 내 목을 찌르고 있었다. 나는 운전석 밑으로 손을 뻗어 지갑을 꺼냈다. 그리고 그것을 유리창 너머로 강도들에게 내밀었다. 나는 이것으로 사건이 끝나기를 희망했다.

그러나 그렇지 않았다.

강도들은 깨진 유리창으로 손을 집어넣어 잠금장치를 풀더니 차문을 활짝 열었다. 권총을 든 남자가 나를 힘껏 떠다미는 바람에 나는 차 바닥에 손발을 쭉 뻗고 나자빠졌다. 그들은 성큼 홈카 안으로 들어왔다.

그들은 삼류영화에 나오는 멕시코 강도들과 모습이 아주 흡사했다. 흔히 보는 것처럼 스카프로 얼굴을 가리고 있었다. 전부 합쳐 네 명이었다. 한 명은 총을 들고 있고, 한 명은 녹슨 조각칼을, 또 한 명은 중남미 원주민이 사탕수수를 자르거나 가지치기를 할 때 흔히 쓰는 날이 넓은 칼을 들고 있었다. 나머지 한 명은 무장을 하지 않은 상태였다. 영화에서 흔히 보듯이 그들이 어깨 너머로 탄띠를 축 늘어뜨리지 않고 있는 것이 놀라울 뿐이었다. 아마도 그들이 가진 그 무기가 촬영장의 소품실에 있는 전부인 모양이었다.

한 명이 권총을 내 목에 들이대고 나를 바닥에 짓누르고 있는 사이에 강도들은 멕시코 말을 지껄이며 홈카 안을 마구잡이로 뒤지기 시작했다.

재미있는 일이었다. 차를 시동 걸거나 가족을 구하는 다른 어떤 행동을 할 수 있었을 때는(아니면 적어도 환상 속에서 뭔가를 할 수 있었을 때는) 비록 아드레날린이 분비되긴 했지만 난 전혀 두렵지 않았었다. 그런데 차가운 총구를 목에 댄 채로 벌거벗은 몸으로 바닥에 쓰러져 있으니 깊은 절망감이 밀려왔다. 이제는 걷잡을 수 없이 두려웠다. 나는 몸을 떨기 시작했다.

흥미로운 일이 아닐 수 없었다. 나는 잠시 후 마음 밖으로 두려움을 밀어낼 수 있었다. 사실 내가 두려움에 떤 것은 한두 순간밖에 지나지 않았다. 나는 그 혼란스런 와중에서도 지금이야말로 깊이 명상하고 안내자를 찾을 더없이 훌륭한 기회임을 느꼈다. 나는 바닥에 엎드린 채로 깊이 심호흡을 하면서 하나님에게 도움을 요청했다.

그때 나는 아주 분명하게 구약성경의 시편 23장에 나오는 다음의 문장을 떠올릴 수 있었다.

'너희는 내 적들이 있는 앞에 식탁을 준비하라.'

그 문장이 내 마음속에서 울려퍼졌다.

'뭐라구? 난 그렇게 할 수 없어!'

그러면서도 나는 그 강도들을 위해 식탁을 차리는 내 자신의 모습을 상상했다. 나는 생각했다.

'지금 내 앞에는 강도들이 나를 공격하고 나는 저항하는 현실이 펼쳐지고 있다. 이것은 일반적으로 매우 불행한 장면이다. 하지만 만일 지금 상황이 그렇지 않다면 어떠할 것인가? 만일 이 자들이 강도가 아니라면? 만일 이들이 내 오래된 친구들이고, 추운 밤에 우리를 방문한 것이라면? 또 만일 내가 이들을 만난 것이 반갑고 또 이들을 손님으로서 환영한다면? 내가 이들을 위

해 식탁을 준비한다면?'

내 마음 한쪽이 강간과 살인이 벌어지는 끔찍한 장면을 분주히 상상하고 있는 동안 이 새로운 가능성이 조용히 내 마음 한 구석을 차지하기 시작했다. 이 자들 역시 하나님의 자녀들이다. 얼마나 여러 번 나는 내 인생의 목적이 타인에게 봉사하는 일이라고 선언했던가? 그런데 지금 그들이 여기에 있지 않은가!

나는 좀더 열린 마음을 갖고 내 앞에서 설쳐대는 강도들을 쳐다보았다.

'잠깐 기다려! 이들은 강도가 아니야! 이들은 순진한 어린아이들이야!'

그 순간 문득 이 강도들이 아직 젊고, 경험이 미숙하고, 상당히 서투르다는 사실을 눈치챌 수 있었다. 그들 역시 불안에 떨고 있었다. 그들이 휘두르는 폭력과 고함소리는 그들의 힘에서 나오는 것이라기보다는 그들 내면에 있는 두려움의 산물이었다.

또한 그들은 정신없이 설치느라 물건들을 마구 휘저어 놓을 뿐 정작 중요한 약탈물들은 놓치고 있었다. 그 순간 나는 깨달았다. 약간 기이한 생각이긴 했지만, 이들을 위해 식탁을 준비하라는 것은 이들이 우리의 물건을 더 잘 가져갈 수 있도록 도우라는 뜻임을.

나는 영어를 할 줄 아는 청년에게 고개를 돌리고 말했다.

"어이, 자네들은 가장 좋은 물건들을 놓치고 있어! 저쪽 옷더미 속에 아주 좋은 카메라가 있다구."

그는 이상한 시선으로 나를 쳐다보았다. 그는 다른 청년에게 멕시코 말로 뭐라고 떠들었다. 그러자 그 청년이 내가 가리킨 곳을 뒤져 옷 속에 파묻혀 있던 카메라를 발견했다. 나는 그들을 돕기 위해 설명했다.

"35미리 렌즈가 부착되어 있지. 사진이 정말 잘 찍힌다구!"

나는 영어를 할 줄 아는 친구에게 다시 말했다.

"자네 친구들은 지금 물건들을 마구 휘저어 놓을 뿐이지 정작 좋은 것들은 놓치고 있어. 좋은 물건이 어디에 있는지 내가 가르쳐 줄까?"

그는 또다시 이상한 눈초리로 나를 쳐다보았다. 내가 보이고 있는 반응은 분명히 그가 알고 있는 강도와 희생자들 사이의 대본에 맞지 않는 것이었다. 하지만 내가 다른 물건들이 숨겨져 있는 장소들을 지적해 주자 곧 그의 의심이 사라졌다. 나는 그와 그의 친구들을 물건들이 있는 곳을 일일이 가르쳐 주고, 시범까지 보였다.

"이건 진짜 좋은 기타라구!"

나는 코드 몇 개를 연주해 보였다.

"누가 기타를 칠 줄 알지? 자넨가? 자네가 갖고 싶어? 여기 소니 워크맨, 이어폰, 건전지, 그리고 녹음 테이프까지 있네! 갖고 싶은 사람 말하라구."

나는 미대륙의 원주민들이 약탈자 백인에게 주고 또 준 것에 대해 생각했다. 우리들 각자가 갖고 있는 소유에 대한 시각을 잠시 제쳐 놓는다면, 그들이 우리의 물건을 가져가는 것은 그다지 나쁜 일이 아니었다. 그것도 재산의 균형을 이루는 일이라고 나는 생각했다. 난 이제 강도를 당하고 있는 것이 아니라 그것들을 선물하는 기분이 들기 시작했다. 나는 우리가 가진 물건 중에 어떤 것들을 그들이 가장 좋아할까 생각했다.

비록 나의 이 예상 밖의 행동이 분명히 그 상황에 어떤 영향을 미치기는 했지만 아직 완전한 변화가 일어난 것은 아니었다. 조각칼을 든 청년은 특히 행동을 예측하기 어려웠다. 그는 아마도 약물에 중독된 듯했다. 매 분마다 그는 나를 밀치거나 고함을 쳤다. 그가 아는 영어 단어는 단지 "마약! 술! 돈 더 없어?" 뿐이었다. 그는 이곳저곳을 뒤지더니 부엌 서랍에서 설사약병을 발견했다. 그가 난폭한 행동을 할 때는 한편으론 고소하다는 생각이 들기도 했지만 나는 그 약을 절대로 먹으면 안 된다고 강력히 그를 설득시켰다.

영어를 할 줄 아는 친구는 차츰 다른 청년들을 진정시키는 역할을 맡기 시작했다.

이때쯤 나는 내가 생각할 수 있는 모든 것을 다 줘 버리고 난 뒤였다. 나는 담요에 싸여 차 뒤쪽에 웅크리고 있는 아내 주디트와 딸 라일라를 쳐다보았다. 물론 주디트는 공포에 질려 상상의 나래를 펼치고 있을 게 분명했다. 강도들이 자신을 겁탈하고 아이를 납치하는 두려운 상상이었다. 태어나서 꼭 두 해를 사는 동안 좋지 않은 사람을 한 번도 만난 적이 없는 어린 라일라는 "아빠, 누가 좋은 사람이야?" 하고 불쑥 질문을 던지곤 했다.

나는 생각했다.

'이젠 어떻게 하지?'

그때 나는 자신도 모르게 이렇게 말했다.

"당신들, 뭣 좀 먹고 싶지 않소?"

영어를 할 줄 아는 청년이 통역을 했다. 내가 냉장고 문을 여는 동안 네 명의 믿어지지 않는 눈들이 나를 쳐다보았다. 이제 나는 문화적인 문제에 부딪쳤다. 냉장고 안에 있는 두부, 양배추, 요구르트, 땅콩 버터 등을 살펴보는 동안 나는 마치 누군가를 저녁식사에 초대했는데 그 사람이 특별한 식이요법을 실천하고 있는 경우처럼 아주 난감한 기분이 들었다. 음식에 관한 한 우리가 서로 공유할 만한 것이 거의 없음이 분명했다. 그때 나는 아주 맛있는 붉은 사과 하나를 발견했다.

'좋아. 이건 누구나 흔히 먹는 과일이니까.'

나는 그렇게 생각하고 그 사과를 꺼내 원주민 칼을 든 청년에게 내밀었다. 이것은 매우 중요한 순간으로 다가왔다. 대부분의 문화에서 음식을 나눠먹는 것은 일종의 정신적 교감이다. 그것은 우정의 표시이고, 평화의 선언이다. 내가 그를 향해 사과를 내밀고 있는 동안 나는 그가 잠시 갈등을 하고 있음을 눈치챘다. 사과를 받아 먹는다면 그는 이 상황 속에서의 자신의 역할을 포기해야만 할지도 모를 일이었다.

그는 잠시 미소를 지었다. 그런 다음 사과를 받아들었다. 그 순간 나는 손가락 끝에서 빛을 내는 E.T.의 모습을 머릿속에 그려 보았다. 사과를 건네면서 우리 두 사람의 손가락이 스치는 순간 나는 우리의 몸 속에 흐르는 기가 서로 교환되는 것을 느꼈다.

자, 우리는 선물을 주고 먹을 것까지 교환했다. 이때 영어를 할 줄 아는 청년이 우리에게 차에 타라고 말했다. 다시 두려움이 밀려왔다. 그들이 우리를 어디로 데려가려는 것인지 난 알 수가 없었다. 우리를 죽일 생각이라면 차라리 인적 없는 이곳이 더 적합한 장소였다. 그들은 아이를 납치해 가서 몸값을 요구할 만큼 능력이 있어 보이지도 않았다.

나는 그들에게 차를 가져가고 우리를 여기에 남겨 두라고 말했다. 우리는 인적조차 없는 무인지대에 떨어져 있었지만 어떤 상황도 그들과 함께 차를 타고 가는 것보다는 나아 보였다. 몇차례 내 생각을 말하자 갑자기 그들이 무기를 들고 나를 위협하기 시작했다. 난 알았다. 내가 두려움의 주파수로 스위치를 돌리는 순간 그들은 다시 강도가 된다는 것을.

"좋소, 갑시다!"

나는 주디트와 라일라와 함께 뒷자리에 앉았다. 이윽고 우리는 떠났다. 이때쯤 나는 바지를 입고 있었다. 그것은 내 마음 상태를 한결 편안하게 만들어 주었다. 그 황야지대를 차가 달리는 동안 나는 잠깐씩 자제력을 가졌다가 다시 잃어 버리곤 했다. 그러다 민가의 불빛들이 보이기 시작하자 나는 어떻게 하면 차가속력을 늦춘 틈을 타서 문을 열고 주디트와 라일라를 밀쳐낼 것인가를 궁리했다.

차가 계속해서 달리고 있는 동안 나는 스스로에게 물었다.

'만일 지금 내가 좋아하는 손님들과 함께 드라이브를 하고 있다면 어떻게 할 것인가?'

물론 노래를 부를 것이다!

주디트와 라일라와 나는 노래를 부르기 시작했다.

들어 봐요, 들어 봐요, 내 마음의 노래를.
들어 봐요, 들어 봐요, 내 마음의 노래를.

난 결코 당신을 잊지 않아요, 결코 당신을 버리지 않아요.
난 결코 당신을 잊지 않아요, 결코 당신을 버리지 않아요.

노래를 부르면서 어린 라일라는 계속 천진난만한 미소를 지었다. 그 미소가 청년들의 눈길을 붙들곤 했다. 몇 차례나 나는 그들이 마음속에서 이렇게 다짐하는 것을 보았다.

'제발, 꼬마야! 난 지금 강도가 되려고 노력하고 있단 말이야!'

그러면서도 그들은 자신들의 속마음과는 상관없이 미소를 짓곤 했다.

그들 역시 노래를 좋아하는 것 같았다. 우리는 해낸 것이다. 하지만 나는 내가 좋은 주인이 되는 데 실패하고 있음을 깨달았다. 그들은 우리가 부르는 노래의 내용을 전혀 알아듣지 못하고 있었다. 나는 잠시 생각했다. 곧이어 영감이 떠올랐다!

관타나메라 구아히라 관타나메라.
관타나메라 관타나메라….

그것이 효과를 발휘했다. 그들도 함께 노래를 부르기 시작했다. 우리의 에너지가 하나가 되었다. 더 이상 강도도 아니고, 희생자도 아니었다. 그 황량한 밤을 항해하는 동안 우리는 다 함께 발을 구르고 영혼이 충만해졌다.

탈출을 시도할 단 한 차례의 기회도 없이, 우리가 탄 차는 마을을 통과했다. 그러다가 불빛이 뜸해지고 우리는 마침내 어떤 외딴 산골 마을로 들어갔다. 어둡고 더러운 길을 한참 내려가더니 마침내 차가 정지했다. 주디트와 나는 서로를 쳐다보았다. 그들이 이제 우리를 죽이려는 게 아닐까 하고 우린 둘 다 생각했다. 우리는 서로의 눈을 바라보았다.

그때 그들이 문을 열고 차에서 내리기 시작했다. 분명히 강도짓과는 먼 삶을 살아온 친구들이었다. 그들은 자신들이 사는 집까지 차를 몰고 온 것이다!

몇 명은 내리면서 "아디오스! 잘 가시오!" 하고 우리에게 인사까지 했다. 마침내 영어를 할 줄 아는 친구만이 차 안에 남았다. 더듬거리는 영어로 그는 우리와 의사소통을 하는 데 애를 먹었다. 그는 말했다.

"우리를 용서해 주시오. 나의 옴브레(친구)들과 나, 우리는 모두 가난한 사람들입니다. 우리의 아버지들도 가난합니다. 우린 이렇게밖에 돈을 벌 수 없습니다. 미안합니다. 우린 당신인 줄 몰랐습니다. 당신은 정말 좋은 사람입니다. 당신의 아내와 아이도 훌륭한 사람들입니다."

그는 연거푸 사과를 했다.

"당신들은 좋은 사람들입니다. 우리를 나쁘게 생각하지 말아 주십시오. 이 일 때문에 당신들의 휴가를 망치지 않았기를 바랍니다."

그런 다음 그는 주머니에 손을 넣어 내 지갑을 꺼냈다.

"이걸 도로 가져 가십시오."

그는 나에게 마스터 카드를 돌려 주었다.

"사실 우린 이것을 사용할 수도 없습니다. 당신이 가져가는 편이 낫겠지요."

그는 또 나에게 운전 면허증을 돌려 주었다. 차 밖에서 그의 옴브레들 중 한 사람이 놀란 눈으로 쳐다보는 가운데 그는 멕시코 화폐 몇 장을 꺼냈다.

"여기, 차에 기름 넣을 돈입니다."

나는 그의 동료 강도들만큼이나 놀랐다. 그는 나에게 내 돈을 돌려 주고 있었던 것이다. 그는 양심 있게 행동하려고 최선의 노력을 다하고 있었다.

그런 다음 그는 내 손을 잡았다. 그리고 내 눈을 바라보았다. 순간적으로 우리들 사이에 가로놓여 있던 장벽이 치워졌다. 잠시 동안 우리는 그렇게 정지해 있었다. 그런 다음 그가 말했다.

"아디오스! 잘 가시오!"

아디오스는 본래 '신과 함께 하기를!' 이란 뜻이다.

우리의 강도 손님들은 어둠 속으로 사라졌다. 우리 가족은 서로를 붙들고 울기 시작했다.

로버트 거스

사랑의 약속

그랜드 센트럴 기차역 안내 창구의 벽면에 붙어 있는 둥글고 큰 벽시계는 6분 전 여섯시를 가리키고 있었다. 이제 막 기차에서 내린 키가 큰 공군 소위는 태양에 그을린 얼굴을 들어 눈을 가늘게 뜨고 정확한 시간을 확인했다. 가슴이 쿵쿵거리며 뛰기 시작했다. 소위는 뛰는 가슴을 억제할 수 없어서 약간 당황했다. 이제 6분 후면 그는 지난 13개월 동안 자신의 삶에 특별한 의미로 자리잡아 온 한 여성을 만나기로 되어 있었다. 지금까지 한 번도 만난 적이 없는 미지의 사람이지만 그녀가 보낸 편지들이 그와 함께 했고, 그녀의 마음이 언제나 변함없이 그를 지켜 주었었다.

그는 가능한 한 안내 창구 가까이에 서 있으려고 노력했다. 많은 인파가 안내 창구의 여직원 앞에 몰려와 있었다.

블랜포드 소위는 특별히 어느날 밤을 기억했다. 가장 심한 전투가 벌어지던 날이었다. 그가 탄 비행기가 편대를 이루며 날아온 적군 비행기들 한가운데에 갇혔다. 적군 조종사의 씩 웃는 얼굴까지도 볼 수 있었다.

그는 그녀에게 보낸 편지들 중 하나에서 자신이 종종 두려움을 느낀다고 고백한 적이 있었다. 그리고 이 전투가 있기 불과 며칠 전에 그는 그녀로부터 답장의 글을 받았다.

"물론 당신은 두려울 겁니다. 모든 용감한 남자들이 그렇습니다. 성경에 나오는 다윗왕은 두려움을 몰랐을까요? 두려웠기 때문에 그는 시편 23장을 쓴 것입니다. '그렇다. 내가 비록 죽음의 어둔 계곡을 지날지라도 나는 아무런 사악함도 느끼지 않으리라. 당신이 나와 함께 있기에.' 다음 번에 또다시 자신에 대해 의심이 들 때면 이 구절을 읽어 주는 내 목소리를 꼭 기억하시길 바랍니다."

적군 비행 편대에 에워싸이는 순간 그는 그 목소리를 기억했다. 그는 상상 속에서 그녀의 목소리를 들었다. 그 목소리는 그에게 힘과 용기를 되살려 주었다. 그렇게 해서 그는 극적으로 살아나올 수 있었다.

이제 그는 그녀의 실제 목소리를 들으려 하고 있었다. 4분 전 여섯시였다. 그의 얼굴이 긴장되었다.

거대한 기차역 지붕 아래서 사람들이 색실로 무늬를 짜듯이 빠른 속도로 오가고 있었다. 그때 한 처녀가 그의 곁을 지나갔다. 블랜포드 소위는 깜짝 놀랐다. 그녀는 옷깃에 붉은 꽃을 꽂고 있었다. 하지만 그것은 연지색 카네이션이었다. 그들이 서로 약속한 작은 붉은색 장미가 아니었다. 게다가 그 처녀는 너무 어려서 열아홉살쯤밖에 안 돼 보였다. 반면에 홀리스 메이넬은 그에게 자신이 서른살이라고 솔직히 말했었다.

"그게 뭐 어떻습니까?"

그는 답장에 썼었다.

"난 서른두살인 걸요."

하지만 그는 사실은 스물아홉살이었다.

그의 생각은 다시 그 책으로 돌아갔다. 플로리다 훈련소의 군대 도서관에 들렀을 때였다. 도서관 안에 있는 수천 권의 책들 중에서 신께서 그의 손에 잡히게 해 준 책이 한 권 있었다. 섬머셋 모옴의 〈인간의 굴레〉가 그 책이었다. 그리고 그 책 전체에는 여성의 글씨체로 책의 내용에 대한 감상들이 적혀 있었다.

사실 그는 책에 낙서하는 습관을 별로 좋아하지 않았었다. 그런데 그 책에 적혀 있는 메모들은 달랐다. 그는 여성이 그토록 이해심 많고 섬세하게 남자의 마음을 이해할 수 있다는 것을 결코 믿지 않았었다. 그녀의 이름이 책 뒤의 장서표에 적혀 있었다. 홀리스 메이넬이었다. 그는 뉴욕시의 전화번호부를 입수해 그녀의 주소를 알아냈다. 그리고는 편지를 보냈고, 그 편지에 그녀가 답장을 썼다. 이튿날 그는 배를 타고 전투가 벌어지는 곳으로 이동했지만 그들은 계속해서 편지를 주고받았다.

13개월 동안 그녀는 충실하게 답장을 보냈다. 사실 그 편지들은 답장 이상이었다. 그의 편지들이 도착하지 않아도 그녀는 편지를 썼으며, 이제 그는 그녀를 사랑하게 되었다. 그녀 역시 그를 사랑한다는 것을 느낄 수 있었다.

하지만 그녀는 사진을 보내 달라는 그의 간절한 청을 끝내 거절했다. 물론 그것은 더 부정적인 상상을 불러 일으켰다. 하지만 그녀는 설명했다.

"만일 나에 대한 당신의 감정이 진실성과 정직성을 바탕으로 하고 있다면, 내가 어떻게 생겼는가는 그다지 중요하지 않습니다. 내가 미인이라고 가정합시다. 그러면 나는 당신이 단지 그것 때문에 나를 좋아한다는 느낌을 떨쳐 버리기 어려울 것입니다. 그런 종류의 사랑을 나는 혐오합니다. 그리고 내가 평범하게 생겼다고 가정합시다.(당신도 내가 이 경우일 가능성이 더 크다는 걸 인정해야만 하겠지요.) 그러면 난 당신이 단지 외롭고 대화 상대가 없기 때문에 나한테 계속 편지를 쓰는 것이라는 생각을 안할 수가 없겠지요. 안 됩니다. 내 사진을 보내 달라고 부탁하지 마십시오. 당신이 뉴욕에 오면 언제든지 날 만나게 될 테고, 그때 당신은 결정을 내리면 됩니다. 기억하십시오. 우리 둘 다 거기서 끝을 낼지, 아니면 만남을 계속 이어갈지 선택은 자유라는 것을. 우리가 어떤 것을 선택하든지…."

여섯 시 1분 전이었다. 그는 담배 한 대를 꺼내 물었다.

그 순간 블랜포드 소위의 가슴은 비행기를 타고 올라갔던 높이보다 더 높이 뛰기 시작했다.

한 젊은 여성이 그를 향해 다가오고 있었다. 그녀는 키가 크고 늘씬했다. 섬세하게 생긴 귀 너머로 금발머리가 물결치듯 흘러내리고 있었다. 눈은 꽃처럼 푸른색이고, 입술과 턱은 부드럽고 단단해 보였다. 연두색 정장 차림의 그녀는 마치 봄의 여신이 살아돌아온 것만 같았다.

그는 그녀를 향해 걸어가기 시작했다. 그녀가 장미꽃을 옷에 꽂고 있지 않다는 사실도 잊은 채. 그리고 그가 다가감에 따라 그녀의 입술 주위에 유혹적인 미소가 엷게 번지기 시작했다.

그녀가 속삭였다.

"절 따라오시겠어요, 소위님?"

자제력을 잃고 블랜포드 소위는 그녀를 향해 한 걸음을 내디뎠다. 그 순간 그는 홀리스 메이넬을 발견했다.

홀리스 메이넬은 그 처녀 바로 뒤편에 서 있었다. 마흔살은 넘어 보이는 여성이었다. 회색 머리가 낡은 모자 속에 집어 넣어져 있었다. 딱딱한 복숭아뼈를 가진 다리는 굽 낮은 하이힐 신발 속에 들어가 있었다. 하지만 그녀는 분명히 갈색 코트의 구겨진 옷깃에 붉은색 장미 한 송이를 꽂고 있었다.

연두색 옷을 입은 처녀는 그 사이에 재빨리 걸어가 버렸다.

블랜포드는 자신이 두 갈래로 나눠지는 것을 느꼈다. 처녀를 따라가고 싶은 욕망이 무척 강했지만, 반면에 진심으로 그의 영혼과 함께 하고 그를 격려해 준 홀리스 메이넬을 만나고 싶은 바램도 마찬가지로 컸다. 그리고 지금 그곳에 그녀가 서 있었다. 그녀의 창백하고 포동포동한 얼굴은 부드럽고 현명해 보였다. 그는 이제 그것을 볼 수 있었다. 그녀의 회색 눈은 따뜻하고 친절한 빛으로 반짝이고 있었다.

블랜포드 소위는 망설이지 않았다. 그의 손가락은 파란색 가죽 표지로 된 그 낡은 〈인간의 굴레〉를 단단히 움켜쥐었다. 그 자신을 그녀에게 소개하는 데 필요한 책이었다. 이것은 사랑이 아닐지 몰라도, 사랑보다 더 소중하고, 어쩌면 사랑보다 더 귀한 것일지도 모른다. 그가 지금까지 간직해 오고 또 감사히 여겨야만 할 아름다운 우정이었다.

그는 넓은 어깨를 펴고 군대식으로 인사를 한 다음 그 여성을 향해 책을 내밀었다. 비록 약간의 실망이 없진 않았지만 그는 미소를 지으며 말했다.

"저는 존 블랜포드 소위입니다. 그리고 당신은 메이넬 양이겠지요? 당신을 만날 수 있게 돼서 기쁩니다. 제가… 제가 당신을 저녁식사에 초대해도 될까요?"

그 여성의 얼굴에 관대한 미소가 번졌다. 그녀는 대답했다.

"난 이것이 어찌된 영문인지 모르겠군요, 젊은이. 방금 지나간 저 연두색 옷을 입은 처녀가 나더러 옷깃에 이 장미꽃을 꽂고 있으라고 부탁했다오. 그리고 그녀가 말하기를 만일 당신이 나에게 함께 가자고 요청한다면 그녀가 길 건너편 큰 레스토랑에서 당신을 기다리고 있겠노라고 전해 달라고 하더군요. 그녀는 이것이 일종의 시험이라고 합디다. 나도 두 아들을 군대에 보냈다오. 그래서 기꺼이 이 일을 맡았다오."

슐라밋 이쉬 키쇼르

단순한 말

삶의 가장 큰 행복은 우리 자신이 사랑받고 있다는 믿음
으로부터 온다.

빅토르 위고

아침에 새로 피어난 꽃은 누가 봐도 아름답다. 나는 가끔씩 이
른 아침에 정원으로 나가서 완벽하게 핀 장미꽃 한 송이나 다른
꽃들을 한 묶음 꺾어 이웃과 친구들에게 선물하곤 한다.

그날 아침도 나는 줄기가 긴 장미꽃들을 꺾어 향기로운 꽃묶
음 하나를 만들었다. 그것을 집 안에 꽂아 놓고 감상하면 얼마나
좋을까 하는 생각이 드는 찰나에 문득 어디선가 이런 목소리가
들려왔다.

"그것을 너의 친구에게 주어라."

그 목소리가 어디서 들려온 것인지 모르지만 아무튼 나는 그
충고에 따르기로 했다. 그래서 나는 곧장 집 안으로 들어가 화병
에 그 장미꽃을 꽂았다. 그리고는 작은 쪽지에 〈나의 친구에게〉

라고 적었다. 나는 장미 화병을 들고 나의 이웃이자 가장 가까운 친구의 집으로 가서 현관에 소리 없이 그 화병을 놓았다.

그날 늦게 친구로부터 고맙다는 전화가 왔다. 친구는 그 꽃이 자신에게는 진정한 축복이었다고 말했다. 전날 밤에 그녀는 아이들과 심하게 다퉜다고 했다. 때로 십대의 아이들이 그렇듯이 아이 하나가 잔인하게도 그녀에게 말했다.

"엄만 친구도 없잖아요."

그 말을 듣고 그녀는 충격을 받아 잠을 이룰 수가 없었다. 그런데 놀랍게도 아침에 직장에 가려고 현관을 나서는 순간 그녀는 아름다운 장미 화병과 함께 〈나의 친구에게〉라고 적힌 작은 쪽지를 발견했던 것이다.

로베르타 트렘블레이

황금 종이학

　종이 접기 공예의 지도 교사로 위스콘신 주의 밀워키에 있는 평생 교육원에서 사람들을 가르치고 있는 아트 뷰드라이는 어느 날 밀워키 대형 백화점에서 전시회를 갖게 되었다. 그는 전시장에 들른 사람들 모두에게 선물할 수 있도록 종이학 2백 개를 접어 갖고 가기로 계획했다.

　그런데 전시회가 열리기 하루 전날 이상한 어떤 일이 일어났다. 그의 내면에서 어떤 목소리가 금박 종이를 찾아 황금 종이학 하나를 접으라고 지시하는 것이었다. 처음엔 그것을 무시했지만 그 이상한 목소리가 계속해서 들려왔기 때문에 아트는 집에 갖고 있는 종이 재료를 샅샅이 뒤지기 시작했다. 그래서 마침내 구겨지지 않은 금박 종이 한 장을 찾아냈다. 그러면서도 아트 뷰드라이는 자기 자신에게 이렇게 반문했다.

　'내가 왜 이런 일을 하는 걸까?'

　그는 지금까지 금박 종이로 종이 접기 작업을 해 본 적이 한 번도 없었다. 금박 종이는 색종이처럼 쉽게 접히지도 않을 뿐더러 접었다 해도 깔끔하지가 않았다. 하지만 그 작은 목소리는 계속해서 그를 재촉했다. 아트 뷰드라이는 그 목소리를 무시하려고 노력했다. 그는 스스로에게 말했다.

'왜 꼭 금박 종이여야만 하지? 일반 종이가 훨씬 작업하기 쉽단 말야.'

그러나 그 목소리는 계속되었다.

'어서 금박 종이로 학을 접어! 그래서 그것을 내일 전시장에 오는 특별한 사람에게 주라구.'

이제 아트 뷰드라이는 약간 짜증이 나기까지 했다. 그는 내면에서 들리는 그 목소리에게 물었다.

'특별한 사람이라니, 누굴 말하는 거야?'

그 목소리가 말했다.

'누군지 곧 알게 될 거야.'

그리하여 그날 저녁 아트 뷰드라이는 잘 접히지도 않는 금박 종이로 매우 정성스럽게 종이학을 접었다. 마침내 날개를 펴고 막 날아오르려는 진짜 학처럼 우아하고 섬세한 황금 종이학 한 마리가 탄생했다. 아트 뷰드라이는 그렇게 완성된 작품을 지난 몇주 동안에 걸쳐 만든 다른 2백 마리의 색종이 종이학들과 함께 상자 안에 넣었다.

이튿날 백화점에서는 수많은 사람들이 아트 뷰드라이의 종이 접기 전시회를 보려고 걸음을 멈추었다. 사람들은 종이 접기 공예에 대해 많은 질문을 던졌다. 아트 뷰드라이는 사람들 앞에서 직접 종이 접기 시범을 해 보였다. 종이를 접고, 다시 펴고, 또다시 접었다. 복잡한 세부적인 사항들을 설명하고, 접을 때의 주의 사항 등도 설명했다.

그때 한 여성이 아트 뷰드라이의 설명을 들으며 앞줄에 서 있었다. 특별한 사람이었다. 아트는 전에 한 번도 그녀를 본 적이 없었다. 그녀는 아트가 밝은 핑크색 종이를 접어 부리가 뾰족하고 우아한 날개를 가진 종이학 한 마리를 탄생시킬 때까지 그를 지켜보면서도 한 마디의 말도 하지 않았다.

아트 뷰드라이는 작업을 멈추고 그녀의 얼굴을 쳐다보았다. 그리고는 자신도 모르게 손님들에게 선물할 종이학들이 담긴 상자 안으로 손이 갔다. 그곳에 간밤에 공들여 접어 만든 아름다운 황금 종이학이 들어 있었다. 그는 그것을 꺼내 조심스럽게 그 여성의 손에 올려놓았다.

아트 뷰드라이는 말했다.

"이유를 모르지만, 이 황금 종이학을 당신에게 주라고 명령하는 목소리가 내 안에서 크게 들리는군요. 이 종이학은 옛날부터 내려오는 평화의 상징입니다."

그 여성은 연약한 종이학이 마치 살아 있기라도 한 듯이 작은 손을 오무려 새를 감쌌다. 그때까지도 그녀는 아무 말도 하지 않았다. 이윽고 아트 뷰드라이가 시선을 들어 그녀를 쳐다보자 그녀의 눈에서는 금방이라도 왈칵 눈물이 쏟아질 것만 같았다.

마침내 그 여성은 한숨을 깊이 들이쉬고 나서 말했다.

"제 남편이 3주 전에 세상을 떠났어요. 오늘 저는 처음으로 외출을 했답니다. 오늘이…."

그녀는 한 손으로는 아직도 그 황금 종이학을 부드럽게 감싸든 채 다른 한 손으로 눈물을 훔쳤다. 그녀는 매우 나즈막히 말했다.

"오늘이 우리 부부의 결혼 기념일이랍니다."

그리고 나서 이 낯선 여성은 분명한 목소리로 말했다.

"이 아름다운 선물을 주셔서 감사합니다. 이제 전 제 남편이 평화로운 세계에 가 있다는 걸 알았어요. 당신도 알겠지요? 당신이 들은 그 목소리, 그것은 신의 목소리이며, 이 아름다운 종이학은 신이 주시는 선물입니다. 결혼 기념일 선물로는 제가 받을 수 있는 가장 아름다운 선물이지요. 당신의 마음속에서 들리는 그 목소리에 귀를 기울여 주셔서 고마워요."

이 일을 계기로 아트 뷰드라이는 마음속에서 어떤 이해할 수 없는 목소리가 들릴 때 그것을 무시해선 안 된다는 것을 배우게 되었다.

패트리샤 로렌쯔

어느 트럭 운전사의 마지막 편지

증기선이라는 특이한 이름을 가진 그 산은 사람을 죽음으로 몰아가는 산이다. 그래서 알래스카 고속도로를 오가며 화물을 운반하는 트럭 운전사들은 존경심을 갖고 그 산을 대한다. 특히 겨울철에는 산을 휘돌아가는 온갖 커브길과 비탈길들이 얼음에 뒤덮이고, 도로 옆에는 까마득한 절벽이 도사리고 있다. 수많은 트럭 운전사들이 그 길에서 목숨을 잃었으며, 앞으로도 더 많은 사람들이 그곳에서 마지막 운행을 하게 될지도 모른다.

어느날 화물 트럭을 몰고 그 고속도로를 달리던 중에 나는 캐나다 산악 경찰대와 마주쳤다. 거대한 기중기가 동원되어 깎아지른 절벽 아래로 추락한 트럭 한 대를 끌어올리고 있었다. 나는 도로 옆에 차를 세우고 나서, 부서진 트럭이 서서히 시야에 올라오는 것을 말없이 지켜보았다. 지나가던 많은 트럭 운전사들도 웅성거리며 모여들었다.

그때 경찰 한 명이 우리 쪽으로 걸어와서 조용히 말했다.

"우리가 발견했을 때는 운전사는 이미 사망한 뒤였소. 이틀 전에 심한 폭설이 내렸을 때 절벽 아래로 굴러떨어진 것 같소. 흔적을 찾지 못하다가 해가 난 뒤에 차체가 햇빛에 반사되는 걸 보고 발견할 수 있었소."

경찰은 천천히 머리를 흔들더니 입고 있는 파카 주머니에 손을 넣었다.

"여기 당신들이 읽어야 할 편지가 있소. 추측컨대 아마도 그는 얼어죽기 전에 몇 시간 동안은 살아 있었던 것 같소."

나는 경찰관의 눈에서 눈물이 흐르는 걸 한 번도 본 적이 없다. 언제나 끔찍한 사고 현장과 죽음을 접하기 때문에 그들은 그런 것들에 면역이 되어 있는 것이라고 난 생각해 왔다. 그런데 그 경찰관은 우리에게 편지를 건네면서 눈물을 닦는 것이었다. 그 편지를 읽으면서 나도 울기 시작했다. 운전자들은 각자 조용히 그 편지를 읽고는 말없이 각자의 트럭으로 돌아갔다.

편지의 내용이 내 뇌리에 깊이 박혔다. 그리고 지금 여러 해가 흐른 뒤에도 그 편지는 마치 눈앞에 펼쳐져 있는 것처럼 생생하다. 절벽 아래로 추락한 트럭 운전사가 죽기 전에 쓴 그 마지막 편지를 당신과 당신의 가족들에게 읽어 주고 싶다.

사랑하는 아내에게.

어떤 남자도 이런 편지를 쓰고 싶진 않을 것이오. 그래도 나는 지금까지 수없이 잊어버리고 하지 못한 말들을 이제나마 할 수 있으니 참으로 행운아라고 할 수 있소. 당신을 사랑하오. 이것이 내가 하고 싶은 말이오.

당신은 내가 당신보다 트럭을 더 사랑한다고 날 놀리곤 했소.

내가 트럭과 더 많은 시간을 동거하며 지낸다고 말이오. 물론 당신 말마따나 나는 이 쇳조각을 좋아하오. 이 놈은 나에게 충실했소. 내가 힘겨운 시간과 힘겨운 장소들을 통과하는 것을 이 놈은 지켜보았소. 거대한 양의 화물을 실으면서도 나는 이 놈에게 의존했고, 직선 코스에서는 이 놈이 한껏 속도를 내 주었소. 이 놈은 지금까지 내 위신을 한 번도 떨어뜨린 적이 없소.

하지만 당신은 이것을 알고 있소? 똑같은 이유 때문에 내가 당신을 사랑한다는 것을. 당신 역시 내가 힘겨운 시간과 힘겨운 장소를 통과하는 것을 지켜봐 왔소.

우리의 첫번째 트럭을 기억하오? 걸핏하면 고장이 났지만, 그래도 우리가 굶지 않을 만큼 돈을 벌어 준 그 중고 트럭 말이오. 그 트럭의 할부금과 세금을 내기 위해 당신은 밖으로 나가서 일자리를 구해야만 했소.

내가 버는 돈은 죄다 트럭으로 들어갔고, 당신이 번 돈으로 우리는 그나마 먹을 것과 비를 가릴 지붕을 가질 수 있었소.

나는 그 트럭에 대해 자주 불평을 했지만, 당신은 피곤한 몸을 이끌고 집에 돌아와서도 불평 한 마디 하지 않았소. 당신이 힘들게 번 돈을 길바닥에 깔아야만 했을 때도 난 당신의 푸념을 한 번도 들은 기억이 없소. 당신이 불평을 했다 해도 난 아마 당신의 불평을 듣지 않았을 것이오. 부끄럽지만 나는 당신을 생각하기보다는 내 자신의 일에 너무 몰두해 있었소.

이제 나는 당신이 나를 위해 포기한 모든 것들을 생각하오. 옷, 휴가, 파티, 친구들과의 모임…. 당신은 한 번도 불평을 하지 않았고, 난 그런 당신에게 고맙다는 말을 한 번도 한 적이 없소.

친구들과 앉아서 커피를 마실 때도 나는 언제나 내 트럭, 내 장비, 내가 내는 할부금 등에 대해 말했소. 당신이 비록 나와 함께 조수석에 타고 있진 않지만 당신이 나의 영원한 동업자라는 사실을 난 잊고 있었소. 마침내 우리가 새 트럭을 살 수 있었던 것은 나의 노력보다는 당신의 희생과 결단력 덕분이었소.

내가 몰고 다니는 트럭에 대해 난 자부심이 대단했소. 나는 당신에 대해서도 자부심이 컸소. 하지만 난 그것에 대해 당신에게 말한 적이 한 번도 없소. 난 당신이 당연히 그것을 알고 있으리라 생각했소. 하지만 만일 트럭에 왁스칠을 하는 데 들인 시간의 절반만이라도 당신과 대화하는 데 바쳤다면 아마도 난 내 진실한 감정을 고백했을 것이오.

내가 도로를 달려온 지난 여러 세월 동안 난 당신의 기도가 나와 함께 달리고 있음을 언제나 알고 있었소. 하지만 이번에는 당신의 기도가 부족했던 모양이오.

난 부상을 입었고 몹시 상태가 좋지 않소. 이것이 내 마지막 운전이 될 모양이오. 이제 나는 더 늦기 전에 당신에게 진작에 수없이 말했어야 할 것들을 말하고 싶소. 내가 너무 트럭과 내 일에 몰두해 있느라 잊어버린 것들 말이오.

나는 지금 그동안 내가 기억하지 못하고 지나쳐 버린 숱한 기념일들과 생일들에 대해 생각하고 있소. 내가 길 위에 있었기 때문에 당신 혼자서 가야만 했던 아이들의 학교 연극회와 하키 경기들에 대해 생각하고 있소.

내가 어디쯤에 있고 일들은 잘 되고 있을까를 상상하며 당신 혼자서 보낸 그 숱한 외로운 밤들에 대해 나는 지금 생각하고 있소. 당신에게 매번 전화를 걸어 단순히 목소리를 듣고 안부를 물을까 생각했지만 무슨 이유들 때문엔가 난 그것을 잊어버렸소. 나는 또 당신이 아이들과 함께 집에서 나를 기다리고 있음을 알았을 때 내가 느꼈던 그 마음의 평화에 대해 생각하고 있소.

집안의 큰 모임이 있을 때마다 당신은 일가 친척들에게 왜 내가 참석하지 못하는가를 설명하며 난처한 시간을 보내야만 했소. 난 언제나 트럭의 엔진 오일을 교환하느라고 바빴거나, 트럭을 정비하느라 시간이 없었거나, 아니면 다음날 아침 일찍 떠나야 했기 때문에 잠을 자고 있었소. 항상 이유가 있었소. 하지만 지금에 와서 생각하니 그것들은 나에게 그다지 중요한 게 아니었소.

우리가 처음 결혼했을 때 당신은 전구 하나도 갈아끼우지 못했소. 그런데 이삼 년 만에 당신은 내가 플로리다에서 화물 선적을 기다리고 있는 동안에 혼자서 눈보라 속에서 아궁이를 수리했소. 당신은 아주 훌륭한 기술자가 되어 내가 트럭 수리하는 것을 도왔고, 당신이 직접 트럭에 올라타 시동을 걸고는 장미밭으로 후진했을 때 난 정말로 당신이 자랑스러웠소.

집 앞에 트럭을 주차시키고 들어가려다가 당신이 승용차 안에서 날 기다리다 잠이 든 것을 보았을 때 난 정말로 당신이 사랑스러웠소. 당신은 밤 두 시든 낮 두 시든 나한테는 언제나 영화배우처럼 보였소. 당신은 미인이오. 당신도 그걸 알고 있소? 난 당신에게 그런 얘길 한 적이 없지만 당신은 어떤 여자보다도 미인이오.

난 내 인생에서 많은 실수를 저질렀소. 하지만 내가 유일하게 잘 내린 결정이 있다면 그것은 당신에게 청혼을 한 것이었소. 당신은 트럭 운전사의 생활이 어떤 것인지 아무것도 모르는 상태였고, 나 역시 알지 못했소. 하지만 그것이 내 삶의 방식이 되었고, 당신은 내 곁을 떠나지 않았소. 좋을 때나 나쁠 때나 당신은 항상 그곳에 있어 주었소. 당신을 사랑하오. 그리고 우리의 아이들을 사랑하오.

내 몸은 지금 큰 부상을 당했소. 하지만 내 가슴은 더 많은 상처를 입었소. 내가 이 여행을 마쳤을 때 당신은 그곳에 없을 것이오. 우리가 함께 살기 시작한 이래로 이제 나는 정말로 처음 혼자가 되었고, 그것이 겁이 나오. 난 당신이 무척 필요하오. 하지만 이미 너무 늦었다는 걸 알고 있소.

재미있는 일이긴 하지만 지금 나와 함께 있는 것은 이 트럭뿐이오. 우리의 삶을 그토록 오랫동안 지배해 온 이 망할 놈의 트럭 말이오. 내가 그토록 여러 세월을 함께 살아온 이 찌그러진 강철 덩어리…. 하지만 그것은 내 사랑을 돌려 줄 수 없소. 오직 당신만이 그것을 할 수 있소.

당신은 수백 킬로미터 떨어진 곳에 있지만 당신이 이곳에 나와 함께 있음을 느낄 수 있소. 난 당신의 얼굴을 볼 수 있고, 당신의 사랑을 느낄 수 있소. 하지만 난 마지막 달리기를 혼자 끝마쳐야 하는 것이 겁이 나오.

아이들에게 내가 세상의 누구보다도 사랑한다고 전해 주시오. 그리고 어떤 아이도 트럭을 몰아 생계를 유지하도록 하진 마시오.

시간이 다 되었다는 걸 느끼오. 당신을 사랑하오. 당신 혼자서 살아갈 날들이 걱정될 뿐이오. 내가 이 생에서 어떤 것보다 더 많이 당신을 사랑했음을 항상 기억하시오. 난 단지 그걸 말하는 걸 잊고 있었을 뿐이오.

당신을 사랑하는 빌,

1974년 12월.

러드 켄달
발레리 테쉬마 제공

2

삶을 위하여

오직 사랑을 가르치라.

왜냐하면 당신 자신은 곧 사랑이니까.

〈기적 수업〉 중에서

마지막 춤

　어렸을 때 나에게 주어진 첫번째 임무는 땔감으로 쓸 장작을 만드는 일이었다. 난 그 일을 좋아했다. 나는 아버지와 함께 숲으로 가서 적당한 나무를 골라 작업을 시작했다. 우리는 힘센 벌목꾼들처럼 하루 종일 함께 일했다. 우리의 가정과 집안의 여자들을 따뜻하게 보호하는 것이 아버지와 내게 주어진 신성한 의무였다. 그렇다. 아버지는 일찍부터 나에게 가족을 보호하고 돌보는 사람이 되는 법을 가르치신 것이다. 그것은 아주 기분 좋은 느낌이었다.

　아버지는 종종 내가 커다란 나무둥치를 적어도 500번 이상 도끼질을 해야 장작으로 만들 수 있을 것이라고 장담하셨다. 아, 난 그 숫자를 넘기지 않으려고 얼마나 열심히 도끼질을 했던지! 대부분의 경우에 내가 이겼다. 하지만 아버지는 언제나 일부러 넉넉한 숫자를 제시하셨다. 499번째의 도끼질을 휘둘러 마침내 그 큰 나무를 작은 장작들로 쪼개 놓았을 때 내가 얼마나 기뻐하고 자랑스러워 하는가를 아버지는 잘 알고 계셨기 때문이다. 장작을 다 패고 나면 우리는 추위 때문에 콧물을 흘리면서 그것들을 집으로 운반했다. 그리고는 음식과 따뜻한 휴식이 기다리고 있는 불가로 향하곤 했다.

내가 초등학교 1학년 때 아버지와 나는 화요일 밤이면 곧잘 텔레비전을 시청했다. 우리는 주로 카우보이들의 생활을 그린 연속극을 보았다. 아버지는 과거에 그 드라마 속의 주인공들과 함께 드넓은 목장에서 말을 타고 달린 적이 있다고 나를 믿게 만드셨다. 연속극을 보면서 아버지는 그 다음에 무슨 일이 일어날지 항상 예측하셨다. 그래서 나는 아버지가 하시는 말을 믿었다. 아버지는 그 주인공들과 친구였었기 때문에 그들의 행동을 예측할 수 있었던 것이다.

난 무척 자랑스러웠다. 최고의 카우보이들과 함께 달렸던 진정한 카우보이가 바로 나의 아버지였던 것이다. 나는 학교에 가서 친구들에게 그 사실을 자랑했다. 그러자 친구들은 나를 비웃으며 아버지가 나한테 거짓말을 하는 것이라고 말했다. 아버지의 명예를 지키기 위해 나는 끊임없이 친구들과 싸워야 했다. 하루는 내가 심하게 얻어맞았다. 내 찢어진 바지와 부르튼 입술을 보고는 담임 선생님이 나를 한쪽으로 불러서 어찌된 사정인지 물었다. 그렇게 해서 결국 하나씩 밝혀지게 되고, 마침내 아버지는 나한테 진실을 말해야만 했다. 말할 것도 없이 나는 코가 납작하게 되고 말았지만, 그래도 나는 아버지를 너무도 사랑했다.

내가 열네살이 됐을 때 아버지는 골프를 시작하셨다. 나는 아버지의 캐디였다. 아버지는 경기를 마치고 골프장을 떠나실 때면 늘 나한테 서너 차례 골프채를 휘둘러 보게 하셨다. 나는 골프가 좋아졌고, 어느새 썩 잘하게 되었다. 이따금 아버지는 두 명의 친구분과 동행하셨다. 아버지와 내가 한 팀이 되어 그들과 경기를 해서 이길 때면 나는 너무 기뻐 하늘로 날아오를 것만 같았다. 우리는 한 팀이었던 것이다.

아버지와 어머니가 두번째로 좋아한 것(물론 첫번째로 좋아한 것은 당신들의 자식인 우리들이었지만)은 춤이었다. 춤에 있어서 두 분은 가히 전설적이셨다. 무도회장에 모인 군중들은 나의 부모님이신 마빈과 맥사인에게 '무도회장의 M&M'이라는 별명을 붙여 주었다. 두 분의 낭만적인 환상이 실현된 것이다. 아버지와 어머니는 춤을 추실 때면 항상 얼굴 가득 미소를 지으셨다. 두 명의 누이동생 낸시와 줄리, 그리고 나는 언제나 부모님을 따라 무도회장에 가곤 했다. 얼마나 즐거운 한때였던가!

일요일 아침 교회에 다녀오고 나면 아버지와 나는 아침식사를 준비했다. 일요일에는 그렇게 하기로 정해져 있었다. 우리는 오트밀과 건포도 등을 식탁에 차리면서 탭댄스 연습을 하곤 했다. 그것도 엄마가 아끼는 새로 왁스칠한 깨끗한 마룻바닥 위에서! 하지만 엄마는 그것에 대해 불평을 하신 적이 한 번도 없었다.

내가 좀더 나이를 먹어감에 따라 아버지와 나의 관계는 차츰 소원해져 갔다. 중고등학교에 들어가서는 학교 수업 이외의 활동들이 내 시간을 빼앗기 시작했다. 나와 어울려 다니는 패거리들은 주로 음악하는 아이들과 카페에서 디스크 자키를 보는 아이들이었다. 우리는 운동을 즐기고, 뮤직 그룹을 만들어 음악을 했으며, 열심히 여학생들의 꽁무니를 쫓아다녔다. 아버지가 밤에 일을 하기 시작하고 그래서 더 이상 나의 활동에 관심을 쏟지 못하게 되셨을 때 나는 얼마나 상처받고 외로웠는지 모른다. 나는 특히 하키와 골프에서 두각을 나타냈다. 나는 화가 나서 혼자서 이렇게 소리치곤 했다.

"두고 보세요, 아버지! 난 해내고 말 거예요. 아버지가 없어도 최고의 선수가 될 거라구요!"

나는 하키 팀과 골프 팀의 주장 선수였다. 하지만 아버지는 내가 참여한 경기에 한 번도 구경을 오지 않으셨다. 나는 마치 아버지의 무관심이 나를 인생의 처절한 생존자로 만드는 것 같다는 느낌을 받았다. 나는 아버지가 필요했다. 아버진 그것을 알고 계셨을까?

어느덧 술을 마시는 것이 나에게 사회 생활의 일부가 되었다. 아버지는 더 이상 영웅처럼 보이지 않았다. 오히려 내 감정을 이해하지 못하는 사람, 또는 내가 매우 힘든 시기를 통과하고 있다는 사실을 전혀 알지 못하는 사람처럼 보였다. 이따금 아버지와 마주앉아 술을 마시고 기분이 고조되었을 때는 우리 두 사람의 사이가 다시 가까워진 것처럼 보였다. 하지만 과거와 같은 특별한 감정은 더 이상 거기에 존재하지 않았다. 열여섯살 이후 스물일곱살이 될 때까지 우리는 서로에게 사랑한다는 말을 한 번도 한 적이 없었다. 11년 동안이나 말이다!

그러다가 그 일이 일어났다. 어느날 아침 아버지와 나는 직장에 갈 준비를 하고 있었다. 아버지가 면도를 하고 있는데 나는 아버지의 목에서 혹 같은 것을 발견했다. 나는 물었다.

"아버지, 목에 난 게 뭐예요?"

아버지가 말씀하셨다.

"나도 모른다. 아무래도 오늘 의사한테 가서 검사를 받아야 할 것 같다."

아버지가 두려워하시는 걸 본 것은 평생에 그날 아침이 처음이었다.

의사는 아버지의 목에 난 멍울이 암이라고 판명했다. 그 후 넉 달 동안 나는 날마다 아버지가 조금씩 죽어가는 모습을 보았다. 아버지는 자신에게 일어나고 있는 일에 대해 무척 혼란스러워하시는 것 같았다. 아버진 늘 건강하셨다. 근육질로 뭉쳤던 80킬로의 체중이 뼈와 가죽뿐인 55킬로로 줄어드는 걸 보면서 난 참을 수가 없었나. 난 아버지에게 가까워지려고 노력했지만 아버지는 자신의 고통과 싸우느라 나에 대해, 또 서로에 대한 우리의 감정에 신경쓸 여유가 없었다.

크리스마스 이브 때까지 그런 상태가 지속되었다.

그날 저녁 내가 병원에 도착했더니 어머니와 누이동생이 하루 종일 병실을 지키고 있었다. 나는 두 사람이 집에 가서 눈을 붙일 수 있도록 내가 밤 간호를 맡기로 했다. 아버지는 내가 병실에 들어갔을 때 잠들어 계셨다. 나는 침대 옆의 의자에 앉아 있었다. 이따금 아버지는 잠에서 깨어나셨지만 몸이 너무 허약해지셨기 때문에 아버지가 하시는 말을 나는 거의 알아들을 수조차 없었다.

밤 11시 30분쯤 되었을 때, 나는 졸음이 밀려와서 간호사가 병실에 가져다 준 보조 침대에 누워 잠이 들었다. 얼마쯤 잤을까, 갑자기 아버지가 나를 깨웠다. 아버지는 내 이름을 소리쳐 부르고 계셨다.

"릭! 릭!"

내가 일어나 앉자 아버지는 아주 단호한 표정으로 침대에 앉아 계셨다.

아버지가 말씀하셨다.

"난 춤을 추고 싶다. 난 지금 당장 춤을 추고 싶어."

처음에 난 무슨 말을 해야 할지, 그리고 어떻게 해야 할지 모르는 채로 그냥 그곳에 앉아 있었다. 다시 아버지가 고집을 부렸다.

"난 춤을 추고 싶다. 애야, 우리 마지막으로 춤을 추자꾸나."

나는 침대에서 내려가 아버지 앞에 섰다. 그리고 살짝 고개를 숙여 절을 한 다음 아버지에게 요청했다.

"아버지, 저와 함께 춤을 추시겠습니까?"

정말 놀라운 일이 일어났다. 나는 아버지가 침대에서 내려오시는 걸 거의 도와 드릴 필요가 없었다. 아버지는 스스로 침대에서 내려오셨다. 그 기운은 신으로부터 내려오는 기운임에 틀림없었다. 손에 손을 잡고, 팔에 팔을 두르고, 우리는 병실 안을 돌며 춤을 추었다.

어떤 작가도 그날 밤 우리가 나눈 에너지와 사랑을 묘사하긴 어려울 것이다. 아버지와 나는 춤 속에서 하나가 되었다. 사랑과 이해와 서로에 대한 염려 속에서 하나로 합쳐졌다. 우리의 전생애가 바로 그 순간 속에서 일어나고 있는 것만 같았다. 탭댄스, 사냥, 낚시, 골프, 우리는 그 모든 것을 그 순간에 한꺼번에 경험했다. 시간은 존재하지 않았다. 우리는 카세트 테이프나 음악을 틀어 줄 라디오가 필요하지 않았다. 왜냐하면 세상에 존재해 온 모든 노래, 그리고 앞으로 존재할 모든 노래가 대기 속에서 울려 퍼지고 있었기 때문이다. 그 좁은 병실은 내가 춤을 추어 본 어떤 무도회장보다 넓었다. 아버지의 두 눈은 내가 전에 한 번도 경험하지 못한 어떤 광채와, 슬픔에 찬 기쁨으로 반짝이고 있었다. 우리가 계속해서 춤을 추는 동안 우리의 눈에서는 둘 다 눈물이 흘러내렸다. 우리는 그런 식으로 서로에게 작별의 인사를 하고 있었다. 너무도 짧은 시간을 남겨 두고 우리 둘 다 다시금 깨달은 것이다. 서로에 대한 이러한 무조건적인 사랑을 갖는 것이 얼마나 위대한가를.

이윽고 춤이 멎었다. 나는 아버지가 다시 침대에 눕도록 도와드렸다. 아버지는 이제 무척 지쳐 보였다. 하지만 아버지는 내 손을 힘 있게 잡고는 눈을 똑바로 쳐다보며 말씀하셨다.

"고맙다, 아들아. 오늘 밤 네가 여기에 있어 줘서 난 정말 기쁘다. 나한테는 너무도 의미 있는 시간이야."

이튿날 크리스마스에 아버지는 세상을 떠나셨다.

그 마지막 춤은 크리스마스 이브에 신이 내게 주신 선물이었다. 아버지와 아들 사이의 사랑이 얼마나 강하고 의미 있는 것인가를 깨닫게 하는 지혜와 행복의 선물이었다.

아버지, 전 아버지를 사랑해요. 이 다음에 하늘의 무도회장에서 아버지와 함께 또다시 춤을 추게 될 날을 기다리고 있겠어요.

릭 넬스

컴백홈

스페인의 어느 작은 마을에 호르게라는 사람이 살고 있었다. 어느날 밤 그는 사소한 문제를 갖고 자신의 어린 아들 파코를 심하게 나무랬다. 이튿날 아침 호르게는 파코의 침대가 텅 비어 있는 걸 발견했다. 아들이 가출을 해 버린 것이다.

후회하는 마음으로 호르게는 아들을 찾아 사방을 수소문하고 다녔다. 호르게는 자신의 아들이 세상의 어떤 것보다 소중하다는 사실을 깨달았다. 그는 모든 것을 다시 시작하고 싶었다. 하지만 아무리 찾아도 파코가 간 곳을 알 수 없었다. 마침내 호르게는 시내 중심가의 유명한 상점으로 가서 그 앞에다 큰 광고판을 써 붙였다.

"파코, 집으로 돌아와라. 난 널 사랑한다. 내일 아침 여기서 만나자. 아버지가."

다음날 아침 호르게는 그 상점 앞으로 갔다. 그랬더니 그곳에 파코라는 이름을 가진 소년이 일곱 명이나 나와 있었다. 모두 가출한 아이들이었다. 그들 모두는 사랑의 부름에 응답을 한 것이

었다. 각자 자신의 아버지가 두 팔을 벌려 자신을 맞이해 줄 것
이라는 기대를 품고 그 자리에 나온 것이다.

알란 코헨

시험지에 쓰여진 글

회색 스웨터가 토미의 텅 빈 책상 위에 무기력하게 걸려 있었다. 방금 다른 학생들과 함께 교실을 나간 의기소침한 한 소년을 상징하는 물건이었다. 초등학교 3학년 교실, 이제 조금 있으면 최근에 별거를 시작한 토미의 부모가 와서 교사인 나와 면담을 하기로 되어 있었다. 갈수록 나빠지는 아이의 학업 성적과 파괴적인 행동에 대해 상의하기 위해서였다. 하지만 토미의 어머니와 아버지는 내가 상대방 모두를 호출한 것을 모르고 있었다.

외아들인 토미는 늘 행복하고 협조적이며 뛰어난 학생이었다. 그런데 최근에 와서 급격히 학업 성적이 떨어진 것은 분명히 부모의 별거와 이혼 소송에 따른 절망감 때문이었다. 이것을 어떻게 토미의 어머니와 아버지에게 납득시킬 수 있을 것인가?

이윽고 토미의 어머니가 들어왔다. 그녀는 내가 토미의 책상 옆에 마련해 놓은 의자에 앉았다. 잠시 후 토미의 아버지도 도착했다. 어쨌든 출발은 좋았다. 최소한 그들은 내 면담 요청에 반응을 보일 만큼은 자식에게 관심이 있었다. 두 사람은 서로를 보고 놀라더니, 금방 짜증 섞인 표정이 얼굴 위로 지나갔다. 그들은 나란히 앉아서도 명백히 서로를 무시하는 태도를 취했다.

나는 토미의 행동과 학교 수업에 대해 자세히 설명하기 시작했다. 그러면서 나는 그들의 별거가 자신의 아들에게 어떤 결과를 낳고 있는가를 깨닫게 해 줄 적당한 말이 떠오르기를 마음속으로 기도했다. 하지만 아무리 해도 좋은 단어들이 생각나지 않았다. 그때 문득 토미의 지저분한 시험 답안지를 보여 주면 어떨까 하는 생각이 들었다.

나는 토미의 책상 안에서 구겨진 영어 시험지를 한 장 꺼냈다. 시험지는 눈물로 얼룩져 있었다. 그리고 시험지 앞뒤로 빼곡히 토미의 글씨가 적혀 있었다. 문제에 대한 답이 아니라 똑같은 문장을 끝없이 반복해서 휘갈겨 쓴 것이었다.

나는 아무 말 없이 그 시험지를 펴서 토미의 어머니에게 건넸다. 그녀는 한참 동안 그것을 들여다보더니 아무 말 없이 남편에게 주었다. 남편은 기분 나쁘다는 듯이 얼굴을 찡그렸다. 그러나 이내 그의 얼굴이 펴졌다. 그는 거의 영원이라고 느껴질 만큼 오랫동안 그 휘갈겨쓴 말들을 들여다보고만 있었다.

마침내 토미의 아버지는 시험지를 조심스럽게 접더니 그것을 자신의 호주머니에 넣었다. 그리고 아내의 손을 잡았다. 그녀는 흐르는 눈물을 닦으며 그에게 미소를 지어 보였다. 나도 눈물이 글썽거렸지만 나는 그것을 들키지 않으려고 애를 썼다. 토미의 아버지는 아내가 코트를 입는 걸 도와 주고는 둘이서 함께 교실을 나갔다.

신께서 그 가정이 다시 합쳐질 수 있도록 적당한 방법을 나한테 가르쳐 주신 것이라고 나는 믿는다. 신은 나를 그 노란색 영어 시험지로 인도하셨다. 그 시험지에는 어린 소년의 괴로운 마음에서 토로된 고뇌에 찬 문장이 다시 끝없이 반복되어 적혀 있었다. 그 문장은 이런 것이었다.

"엄마, 아빠… 사랑해요. 엄마, 아빠… 사랑해요."

제인 린드스톰

우주에서 가장 근사한 아버지

내가 태어났을 때 아버지는 쉰살이셨다. 그리고 아직 아무도 그런 이름을 갖고 있지 않았을 때 아버지는 이미 '미스터 맘마'로 통하셨다. 나는 아버지가 무슨 이유 때문에 엄마 대신 집에 계셨는지 알지 못했다. 하지만 나는 어렸고, 친구들 중에서 늘 아버지와 함께 지내는 유일한 아이였다. 나는 내 자신을 매우 행운아로 여겼다.

아버지는 내가 초등학교를 다니는 동안 나를 위해 많은 일들을 해 주셨다. 먼저 아버지는 스쿨 버스 운전사를 설득해 원래는 버스가 몇 블럭 떨어진 곳에 서도록 되어 있었지만 우리집 바로 앞에서 나를 태워 가도록 했다. 아버지는 내가 학교를 마치고 집에 돌아오면 언제나 나를 위해 점심을 준비해 놓으셨다. 점심 메뉴는 대개 땅콩 버터와 계절에 맞게 만든 샌드위치였다. 샌드위치는 나무 모양으로 잘라져 있고, 그 위엔 초록색 설탕이 뿌려져 있었다.

내가 좀더 자라서 독립적으로 행동할 수 있게 됨에 따라 나는 아버지의 그러한 '유치한' 사랑의 표시로부터 달아나고자 애썼다. 하지만 아버지는 포기하지 않으셨다. 고등학교에 들어가고 더 이상 집에서 점심 먹을 필요가 없게 되면서부터 나는 도시락을 싸 갖고 다니기 시작했다. 아버지는 일찍 일어나서 나를 위해 도시락을 만드셨다. 나는 어떤 메뉴가 들어 있을지 예측할 수가 없었다. 도시락 봉지에는 아버지의 트레이드 마크인 산 풍경이 그려져 있거나, '천사 아빠 K.K.로부터'라는 글씨와 함께 하트 모양이 그려져 있곤 했다. 그리고 안에 든 냅킨에도 똑같은 하트 모양이나 '널 사랑한다.'라고 써 있곤 했다. 또 대부분의 경우에 아버지는 "왜 마마보이는 있는데 파파보이는 없을까?"라는 농담 한 줄이나 수수께끼 같은 것들을 적어 놓곤 하셨다. 아버지는 그렇게 언제나 나를 미소짓게 만드는 말들, 또 나에 대한 사랑의 표현을 써 넣으셨다.

나는 다른 학생들이 내 도시락 가방이나 냅킨을 보지 못하도록 그것들을 숨기곤 했다. 하지만 그것도 오래 가지 않았다. 하루는 친구 하나가 그 냅킨을 보았고, 그것을 빼앗아 교실 전체에 돌렸다. 나는 창피해서 얼굴이 확 달아 올랐다. 그런데 놀랍게도 다음날 점심시간이 되자 같은 반 친구들 모두가 내 냅킨을 보려고 몰려든 것이었다. 친구들의 그런 행동으로 보아 그들도 그런 종류의 사랑을 누군가로부터 받기 원하는 것 같았다. 그렇게 고등학교 시절 내내 나는 그 냅킨들을 받았고, 아직도 그것들 대부분을 간직하고 있다.

그리고 그것으로 끝난 게 아니었다. 내가 대학을 다니기 위해 집을 떠났을 때 나는 그 메시지가 중단될 줄 알았다. 하지만 아버지의 사랑의 표현은 계속되어 나와 내 친구들을 기쁘게 했다.

나는 날마다 수업이 끝나면 아버지를 못 보는 것이 아쉬웠다. 그래서 아버지에게 자주 전화를 했다. 따라서 내 전화 요금 고지서는 언제나 최고 금액을 기록했다. 아버지가 무슨 말을 하셨는가는 중요하지 않았다. 난 단지 아버지의 목소리를 듣고 싶었던 것이다. 대학 첫해부터 우리는 이런 의식을 계속했다. 내가 작별 인사를 하고 전화를 끊으려고 하면 아버지는 언제나 나를 부르셨다.

"앤지?"

내가 대답했다.

"네, 아빠."

"널 사랑한다."

"저도 아빠를 사랑해요."

그리고 나는 거의 매주 금요일마다 아버지로부터 편지를 받았다. 내가 사는 아파트 경비원은 그 편지들이 누구한테서 오는가 잘 알고 있었다. 겉봉에는 항상 '멋진 남자'라고 적혀 있었다. 봉투는 종종 크레용으로 주소가 써 있었고, 안에 든 편지에는 대개 우리집 고양이나 강아지, 또는 아버지와 어머니를 그린 그림이 동봉되어 있었다. 그리고 내가 주말에 집에 들렀을 때는 친구들과 어울려 동네를 돌아다니는 모습을 그려 놓곤 하셨다. 아버지는 또 산 풍경과 하트 모양과 '천사 아빠 K.K.로부터'라고 써 놓으셨다.

우편물은 매일 점심시간 직전에 배달이 되었다. 그래서 나는 카페에 갈 때면 아버지의 편지를 들고 가곤 했다. 나는 그것들을 감추는 것이 무의미하다는 걸 깨달았다. 왜냐하면 내 룸메이트는 아버지의 냅킨에 대해 잘 알고 있는 고등학교 동창생이었기 때문이다. 머지않아 그것은 금요일 오후의 의식처럼 되었다. 나는 친구들에게 편지를 읽어 주었으며, 그림과 봉투는 친구들 손을 거치며 모두에게 돌려 읽혀졌다.

아버지가 갑자기 암에 걸리신 것이 이 무렵이었다. 금요일마다 오던 편지가 끊어졌을 때 나는 아버지가 몹시 편찮으셔서 편지를 쓸 수 없다는 걸 알았다. 아버지는 보통 새벽 4시에 일어나셔서 조용한 집 안에 혼자 앉아 나에게 편지를 쓰곤 하셨다. 만일 금요일에 편지가 오지 않으면 그 편지들은 대개 하루나 이틀 뒤면 도착했다. 늦어지긴 해도 편지는 어김없이 왔다. 내 친구들은 아버지를 일컬어 '우주 공간에서 가장 근사한 아버지'라고 불렀다. 그리고 하루는 친구들이 아버지에게 그 타이틀을 수여하는 카드를 보낸 적도 있었다. 카드 밑에는 친구들 모두가 서명을 했다.

나는 아버지가 우리들 모두에게 아버지의 사랑을 가르쳤다고 믿는다. 내 친구들이 그들의 자녀들에게 사랑의 표현이 담긴 냅킨을 보내기 시작했다고 해도 나는 별로 놀라지 않으리라. 아버지는 친구들 모두에게 깊은 인상을 새겨 놓았으며, 그들로 하여금 그들 자신의 자녀들에게 사랑을 표현하도록 만드셨다.

내가 대학 4년을 다니는 동안 정기적인 간격을 두고 아버지로부터 편지와 전화가 왔다. 하지만 마침내 내가 집으로 가서 아버지와 함께 있어야 한다는 결정을 내릴 시기가 찾아왔다. 아버지가 점점 더 편찮아지셨기 때문이다. 그리고 나는 우리에게 주어진 시간이 얼마 남지 않았다는 걸 깨달았다. 그 시기는 우리에게 가장 힘든 시기였다. 언제나 젊게 행동하셨지만 아버지는 이제 나이보다 더 늙어 보였다. 마지막에 가서는 아버지는 내가 누군지도 알아보지 못했으며, 나를 당신이 여러 해 동안 만나지 못한 어떤 친척으로 착각하곤 하셨다. 나는 그것이 아버지의 병 때문임을 알고 있었지만, 그래도 아버지가 내 이름조차 기억 못하시는 것은 나한테 큰 슬픔이었다.

돌아가시기 며칠 전에 나는 아버지와 함께 병실에 단 둘이서 앉아 있었다. 우리는 손을 잡고 텔레비전을 보았다. 내가 떠나기 위해 일어섰을 때 아버지가 나를 부르셨다.

"앤지?"

"네 아빠."

"너를 사랑한다."

"저도 아빠를 사랑해요."

앤지 K. 워드쿠서

이 아름다운 자전거

크리스마스가 되려면 아직 두 달이나 남았을 때였다. 우리집의 열살짜리 딸아이 에이미 로즈가 갑자기 자기는 크리스마스 선물로 새 자전거를 받고 싶다고 말했다. 사실 에이미가 타고 다니는 바비 자전거는 너무 어린애용이고, 또 게다가 타이어를 전부 교환해야 할 만큼 낡아 있었다.

그런데 크리스마스가 가까이 다가옴에 따라 에이미는 자전거에 대한 욕망이 시들해진 듯했다. 아니면 적어도 그 애의 부모인 우리는 그렇게 생각했다. 왜냐하면 에이미가 자전거에 대해 다시 거론하지 않았기 때문이다. 우리는 기쁜 마음으로 가장 최근에 유행하는 선물을 샀다. 아기 보는 인형이 그것이었다. 그리고 아름다운 동화책, 인형의 집, 나들이옷 한 벌, 장난감 몇 가지 등도 샀다. 그런데 너무 놀랍게도 막상 12월 23일이 되자 에이미는 당당히 선언하는 것이었다.

"전 어떤 것보다 자전거를 선물받기 원해요."

이제 우리는 어떻게 해야 할지 막막했다. 크리스마스 만찬도 준비해야 하고 막바지 선물들도 챙겨야 했기 때문에 우리의 어린 딸을 위해 자전거를 사러 가기엔 너무 늦은 시간이었다. 우리가 파티에 초대되어 갔다가 돌아왔을 때는 이미 밤 아홉시였다. 우리는 이제부터 몇 시간 동안 아이들에게 줄 선물, 부모님께 줄 선물, 오빠에게 줄 선물, 친구들에게 줄 선물을 포장해야만 했다. 에이미 로즈는 이미 자기 방에서 잠이 들었다. 우리는 어떻게든 자전거 문제를 해결해야만 했다. 부모가 되어 아이를 실망시킬 것이라는 죄책감이 우리를 사로잡았다.

그때 남편이 하나의 영감을 떠올렸다. 그는 내게 말했다.

"점토로 작은 자전거를 만들어서, 그 점토 제품과 진짜 자전거를 바꿔 주겠다는 쪽지를 써서 주면 어떨까?"

좋은 아이디어라고 나는 생각했다. 물건과 교환이 가능한 상품권 같은 것이라고 설명하면 될 것 같았다. 그리고 내 딸아이는 '정말 대단한 아이'이기 때문에 자신이 직접 마음에 드는 자전거를 고르게 하는 편이 훨씬 좋으리라 판단되었다.

그래서 남편은 마침 집에 있던 점토를 가져다가 자전거 모형을 만들기 시작했다. 그것은 생각처럼 쉬운 일이 아니었다. 그것을 완성하는 데 무려 다섯 시간이 걸렸다. 남편은 거의 꼬박 밤을 세워야만 했다.

세 시간 뒤 크리스마스 아침이 밝았을 때, 우리는 긴장된 마음으로 에이미 로즈가 하트 모양의 상자에 담긴 점토 자전거와 쪽지를 열어 보기를 기다렸다. 자전거에는 흰색과 빨간색 물감까지 멋지게 칠해져 있었다. 마침내 에이미는 선물 상자를 풀었다. 그리고 쪽지까지 다 읽었다.

에이미는 나를 쳐다보고 나서 다시 제 아빠를 쳐다보더니 말했다.

"그래서 이 자전거는 내가 진짜 자전거와 교환할 수 있도록 아빠가 날 위해 만든 것이란 말이죠?"

나는 얼굴을 빛내며 말했다.

"그렇단다."

에이미 로즈는 눈물을 글썽이며 말했다.

"난 아빠가 날 위해 만들어 준 이 아름다운 자전거를 세상의 어떤 자전거와도 바꿀 수 없어요. 진짜 자전거 대신 난 이것을 갖고 있을래요."

그 순간 우리는 에이미에게 자전거를 사 주기 위해서라면 하늘이고 땅이고 어디든 뒤지고 다닐 것만 같은 황홀한 기분이 되었다.

미셸 로렌스

엄마의 수프 단지

삶에는 우리가 당연한 것으로 여기는 보물들이 아주 많다. 어떤 예기치 않은 일로 인해 그것을 깨닫기 전에는 우리는 그것들이 지닌 가치를 전혀 알지 못하는 채로 살아간다. 엄마의 수프 단지도 그 중 하나였다.

그것은 이가 군데군데 빠지고, 희고 푸른빛 나는 유약이 발라진 커다란 단지였다. 그 단지가 화덕 위에서 끓고 있는 모습을 난 아직도 생생하게 그려 볼 수 있다. 마치 활화산처럼 김을 피우면서 그것은 언제나 찌글찌글 끓고 있었다. 학교에 갔다가 부엌 쪽 뒷문으로 들어올 때면 그 내음이 입 안에 군침이 솟게 만들었다. 뿐만 아니라 그 내음은 나를 안심시켜 주었다. 엄마가 그 단지 옆에 서서 길다란 나무 주걱으로 그것을 휘젓고 있을 때나 없을 때나 나는 그 냄새만으로도 내가 집에 돌아왔다는 안도감이 들었다.

엄마의 미네스트로니 수프(마카로니나 야채 따위를 넣은 수프)에는 정해진 요리법이 없었다. 그 요리법은 상황에 따라서 늘

발전했다. 그것은 엄마가 북부 이탈리아의 피에몬테 산악지대에 살 때부터 그래 왔다. 그곳에서 엄마는 엄마의 노나(할머니)에게서 그 비법을 배웠으며, 할머니는 또 그 윗대의 할머니들로부터 여러 세대에 걸쳐 그것을 전수받았다.

우리집은 미국에 이민온 지 얼마 안 되는 대가족이었다. 그런 우리집 식구들에게 엄마가 끓여 주시는 수프는 우리가 결코 배곯지 않으리라는 것을 보장해 주었다. 그것은 팔팔 끓고 있는 안정의 상징이었다.

그것의 요리법은 부엌에 무슨 재료가 있는가에 따라 그 자리서 결정되었다. 그래서 우리는 수프의 내용물을 보고 우리집의 경제 사정을 판단할 수 있었다. 토마토, 국수 사리, 콩, 당근, 셀러리, 양파, 옥수수, 고기 등이 가득 든 걸쭉한 수프는 버스카글리아 집안이 잘 돌아가고 있음을 상징했다. 반면에 희멀건 수프는 주머니 사정이 넉넉치 않다는 뜻이었다. 우리집에선 음식을 결코 내버리는 법이 없었다. 그것은 신에 대한 모독이었다. 모든 남는 음식은 전부 엄마의 수프 단지 속으로 들어갔다.

수프를 끓일 준비를 하는 것은 엄마에게 있어서 매우 신성한 일이었다. 엄마는 음식 만드는 일을 신의 섭리에 대한 찬양으로 여겼다. 엄마는 지극히 감사한 마음을 갖고 감자 한 알, 닭고기 한 조각을 수프 단지 속에 집어 넣었다. 구약성서의 잠언에 나오는 다음 구절을 읽을 때마다 나는 엄마의 모습이 떠오른다.

"그녀는 아직 어두운 시간에 일어나 식구들이 먹을 음식을 장만한다. 그녀의 자녀들이 일어나 그녀를 축복하리라…"

하지만 한번은 엄마의 그 수프 단지가 나를 아주 당황스럽게 만든 원인이 되었다. 나는 그것 때문에 학교에서 사귄 새 친구를 잃을까 노심초사했다.

솔은 마른 체구에 머리칼이 검었다. 그는 나에게 흔치 않는 친구였다. 왜냐하면 솔의 아버지는 의사였고, 그 친구의 집은 도시에서 가장 부자 동네에 있었기 때문이다. 솔은 종종 나를 자기 집의 저녁식사에 초대했다. 그 집 안에는 흰색 유니폼을 입은 요리사가 있어서 번쩍거리는 은제 식기들이 진열된 주방에서 음식을 만들었다. 요리는 고급이었지만, 사실 나는 별로 맛이 없었다. 그 음식들은 불에 그을린 단지에서 끓여져 나오는 우리집의 음식과는 달리 마음의 정성이 빠져 있었다.

게다가 그 집 분위기도 음식과 비슷했다. 모든 것이 너무 형식적이었다. 솔의 어머니와 아버지는 교양이 있고 정중했다. 하지만 식탁에서의 대화가 지나치게 조용하고 형식적이었다. 그리고 그 집 안에선 아무도 서로를 껴안지 않았다. 솔이 가장 가까이 아버지와 접촉할 때는 악수할 때뿐이었다.

우리집에선 따뜻한 포옹이 끊임없이 이어졌다. 남자든 여자든, 사내아이든 여자아이든 언제나 서로 껴안고 야단들이었다. 그리고 만일 하루라도 엄마에게 키스를 하지 않았다가는 당장 이런 소리를 듣기 마련이었다.

"무슨 일이냐? 너 어디 아프니?"

하지만 그 무렵 나의 삶에서는 이 모든 것이 나를 더없이 당황스럽게 만들었다.

나는 솔이 우리집에서 저녁을 먹고 싶어한다는 것을 알고 있었다. 하지만 나는 세상이 두쪽으로 갈라져도 그것만은 하고 싶지 않았다. 우리집 식구들은 너무 달랐다. 다른 친구들의 집에서는 아무도 화덕 위에 우리집처럼 커다란 단지를 올려 놓고 있지도 않았으며, 집에 돌아오면 엄마가 맨 먼저 숟가락을 주며 그릇에다 수프를 퍼담지도 않았다.

나는 엄마를 설득시키려고 노력했다.

"미국에 사는 사람들은 아무도 이렇게 하지 않는단 말예요."

그러면 엄마는 자랑스럽게 말했다.

"난 그 사람들과는 다르다. 난 어디까지나 로지나일 뿐이야. 내 미네스트로니를 좋아하지 않는 사람은 제정신이 아니라고 할 수 있지."

마침내 솔은 드러내 놓고 자기를 우리집 저녁식사에 초대해 달라고 요구했다. 난 거절할 도리가 없었다. 사실 그것보다 엄마를 더 행복하게 해드리는 방법은 없었다. 하지만 난 불안해서 견딜 수가 없었다. 우리집 식구들과 식사를 같이 했다간 솔이 영영 내 곁에서 떠나갈 것이라고 나는 믿었다.

"엄마, 우리도 햄버거나 후라이드 치킨처럼 미국식 음식을 좀 먹을 순 없어요?"

엄마는 한참 동안 날 째려보셨다. 난 더 이상 묻지 않는 것이 유리하다는 걸 알았다.

마침내 솔이 우리집에 오던 날, 난 신경쇠약으로 쓰러질 것만 같았다. 엄마와 다른 아홉 명의 식구들은 연달아 솔을 껴안고 등을 두드리며 법석을 떨었다.

잠시 후 우리는 아버지의 자랑이자 기쁨인, 아버지가 손수 짜신 식탁에 둘러앉았다. 정교하게 무늬가 새겨진 식탁이었지만 이미 음식때가 잔뜩 얼룩져서 잘 지워지지도 않았다. 식탁 위에는 화려하고 밝은 색채의 식탁보가 씌워져 있었다.

아버지가 식사 기도를 마치자 말할 필요도 없이 우리 모두의 앞에는 수프 그릇이 하나씩 놓였다.

엄마가 물으셨다.

"어이, 솔! 이것이 무슨 음식인 줄 알겠어?"

솔이 대답했다.

"수프 아닌가요?"

엄마는 강조하듯이 고개를 저었다.

"그냥 수프가 아니야. 이건 미네스트로니라구!"

그런 다음 엄마는 미네스트로니의 효능에 대해 입에 침이 마르도록 설명하기 시작했다. 엄마의 주장에 따르면 그것은 두통과 감기, 심장병, 소화 불량, 신경통, 간 질환 등에 특효였다.

솔의 야윈 체구를 보더니 엄마는 이 수프를 먹으면 틀림없이 미국에 이민와서 성공한 어떤 이태리 운동선수처럼 뼈가 튼튼해질 것이라고 거듭 확신을 갖고 말씀하셨다. 나는 쥐구멍에라도 들어가고 싶은 심정이었다. 이것으로 내 친구 솔과는 마지막이구나 하는 생각이 확실하게 들었다. 이런 별난 사람들과, 기이한 발음, 이상한 음식이 있는 집에는 다시 찾아오지 않을 게 분명했다.

하지만 놀랍게도 솔은 두말 없이 자기 그릇을 비우더니 한 그릇을 더 청하는 것이었다. 그는 숟가락을 빨며 말했다.

"정말 맛있는데요."

작별 인사를 하러 밖으로 나왔을 때 솔이 실토했다.

"넌 정말 훌륭한 가정을 갖고 있구나. 우리 엄마도 그렇게 맛있는 음식을 만들 수 있었으면 좋겠어."

그리고 나서 그는 덧붙였다.

"임마, 넌 행운인 줄 알아!"

행운이라구! 손을 흔들며 입가에 미소를 짓고 걸어가는 솔의 뒷모습을 바라보면서 나는 약간 의아해 했다.

내가 얼마나 행운이었던가를 나는 이제 안다. 솔이 우리집 식탁에서 경험한 그 만족감은 엄마의 미네스트로니 수프에 담긴 물질적이고 정신적인 따뜻함이 전부가 아니었음을 난 안다. 그가 느낀 것은 사랑이 가득한 한 가정의 식탁에서 체험한 순수한 기쁨이었다.

엄마는 오래전에 돌아가셨다. 엄마를 묘지에 묻고 돌아온 다음날 누군가 미네스트로니 수프 단지가 얹힌 화덕의 가스를 잠궈 버렸다. 황금빛 시절은 그렇게 불꽃과 함께 사라져 버렸다. 하지만 그 맛좋은 수프 속에서 보글보글 끓고 있던 신성한 사랑과 안도감은 오늘날에도 내 가슴을 따뜻하게 덥혀 준다.

솔과 나는 그 이후에도 계속해서 우정을 키워 나갔다. 그의 결혼식날 나는 들러리를 섰다. 얼마 전에 나는 그의 집으로 저녁식사에 초대되었다. 솔은 아이들을 일일이 껴안아 주었고, 아이들은 또 나를 껴안았다. 그런 다음 솔의 아내가 김이 무럭무럭 나는 수프 그릇을 식탁으로 가져왔다. 야채와 고기 토막이 풍성하게 들어간 닭고기 수프였다.

솔이 나한테 물었다.

"어이, 레오. 이것이 무슨 음식인 줄 알아?"

내가 웃으며 대답했다.

"수프 아닌가?"

솔이 골을 내며 말했다.

"수프라구? 이건 단순한 수프가 아니라 닭고기 수프야! 감기와 두통, 소화 불량에 아주 효과가 있지. 그리고 간 질환에도 좋구 말야."

솔은 그렇게 말하면서 나에게 윙크를 보냈다. 나는 다시금 집에 온 느낌이 들었다.

레오 버스카글리아

나무 위의 집

우리가 워싱턴 D.C.로 이사했을 때 우리의 두 아들은 일곱살과 아홉살이었다. 뒷마당은 아주 작았지만, 다행히도 마당 한가운데에 거대한 떡갈나무 한 그루가 서 있었다. 그 나무를 올려다보는 순간 나는 당장에 나무 위에다 오두막을 짓고 싶어졌다. 망치며 톱 다루는 것과는 거리가 먼 남편이 말도 안 되는 소리라며 반대하고 나섰다.

"나무 위에 집을 짓는다고 해서 우리집 애들이 과연 몇 번이나 거길 올라갈 것 같애? 처음 며칠은 거기서 살다시피 하다가도 이내 거들떠도 안 볼 거라구. 괜히 쓸데없이 돈과 시간을 낭비할 필요 없어."

남편의 말도 어쩌면 일리가 있었다. 그래서 나는 그 꿈을 포기했다.

몇 달 뒤, 나는 아직도 뒷마당의 떡갈나무를 올려다보곤 했다. 다시금 그 꿈이 되살아났다. 남편이 또 콧방귀를 뀌었다.

"나무 위에 집을 짓는다고 해서 우리집 애들이 과연 몇 번이나 거길…."

난 더 이상 듣고 싶지 않았다. 그래서 손을 휘저으며 말했다.

"아, 알았어요. 알았으니까 더 이상 얘기하지 말라구요."

그렇게 1년이 지났다. 나는 또다시 나무 위의 오두막을 생각하다가 이번에는 동네 목수를 불러 견적을 뽑게 했다. 목수는 웃으며 말했다.

"부인, 전 땅에다 집은 지어도 나무 위에는 짓지 않습니다."

그래서 난 다시 그 꿈을 버렸다.

또다시 한 해가 흘렀다. 이제 큰애가 열두살이고 작은애가 열살이었다. 잘못하면 나무 위에 오두막을 지을 시기를 영영 놓쳐버릴 수도 있었다. 난 남편에게 말했다.

"나무 위에 집 짓는 일 말인데요…."

남편이 또 말했다.

"나무 위에 집을 짓는다고 해서 우리집 애들이 과연…."

이번에는 내가 말을 가로막았다. 나는 큰소리로 외쳤다.

"애들을 위해서가 아녜요! 나 자신을 위해서라구요! 난 아이들에게 나무 위의 집을 지어 주는 좋은 엄마가 되고 싶단 말예요! 내 말 알겠어요?"

남편은 어안이 벙벙해져서 결국 내 뜻을 받아들였다.

우리는 수소문 끝에 은퇴한 목수 폴 윌레스를 알게 되었다. 그는 우리집 떡갈나무를 보는 순간 내 꿈을 이해했고, 나무 위의 오두막집에 대해 많은 관심을 갖고 있었다. 며칠 만에 그는 마술사처럼 뚝딱거리며 떡갈나무 둥치 위에 동화 같은 집을 지어나갔다. 마침내 집이 완성되었다. 마룻바닥에 마지막 못질을 하고 나서 윌레스 씨는 자신이 탄생시킨 멋진 오두막집 안에서 행복에 겨워 탭댄스를 추기 시작했다. 순수한 기쁨의 춤이었다.

나는 춤추는 윌레스 씨를 바라보며 박수를 쳤다. 그리고 나도 사다리를 타고 올라가 함께 춤을 추었다.

남편의 말이 옳았다. 아이들은 나무 위의 오두막집에 몇 번 올라가 보고는 이내 시들해졌다. 사실 우리는 1년도 채 못 가서 다른 곳으로 이사를 했으며, 그 집에 이사온 새 주인은 나무 위의 오두막을 당장 철거해 버렸다.

하지만 우리는 춤을 추었었지 않은가. 나무 위의 집은 사라졌지만, 춤을 추던 그 기억만은 오래도록 남아 있으리라.

이것으로 나무 위의 집에 대한 얘기가 끝난 것은 아니다. 그것을 완성하고 나서 한 달쯤 지났을 때 목수 윌레스 씨의 딸이 우리집에 전화를 걸었다. 윌레스 씨가 교통사고가 나서 심한 부상을 입고 병원에 입원중이라는 것이었다.

며칠 뒤 나는 아이들을 데리고 병원으로 그를 만나러 갔다. 윌레스 씨는 침상에 누워 있었다. 우리가 사진을 가져왔다는 얘기를 하자 마침 병실에 와 있던 간호사가 말했다.

"오, 그래요? 저도 그 유명한 나무 위의 집 좀 보여 주세요."

윌레스 씨가 만나는 사람마다에게 그 오두막에 대해 얘기했던 것이다. 우리는 떠나면서 윌레스 씨가 누워 있는 침대 옆 벽에다 그 사진들을 붙여 놓았다. 나무 위의 집이 어린아이들을 위한 것이라고 누가 그랬던가?

낸시 코에이

테디 베어

　해가 지기 전에 목적지에 도착하기 위해 나는 화물을 잔뜩 싣고서 남부의 어떤 도시 근처를 열심히 달리고 있었다. 그때 내가 틀어놓은 낡은 무전기에서 갑자기 한 어린 소년의 목소리가 울려나왔다.

　"트럭 운전사 여러분, 제 목소리 들립니까? 교신 바랍니다. 테디 베어가 아저씨들과 얘길 나누고 싶습니다."

　나는 마이크를 집어들고 말했다.

　"잘 들린다, 테디 베어."

　소년의 목소리가 다시 들렸다.

　"응답해 주셔서 고마워요. 아저씨는 누구신가요?"

　내가 이름을 말해 주자 소년이 말했다.

　"지금 저는 아저씨들을 귀찮게 하려는 건 절대 아녜요. 엄마는 아저씨들이 바쁘니까 이렇게 무전기로 호출하지 말라고 하셨어요. 하지만 전 지금 외롭고, 이렇게 대화를 나누는 것이 도움을 주거든요. 왜냐하면 이것이 내가 할 수 있는 전부이니까요. 전

다리가 불구라서 걸을 수가 없어요."

내가 다시 끼어들어 소년에게 마이크를 놓지 말라고 말했다. 그리고 원하는 만큼 오랫동안 얘길 나눠 주겠다고 말했다.

소년이 말했다.

"이것은 사실 제 아빠가 사용하던 무전기예요. 하지만 지금은 엄마와 제 것이 되었어요. 아빠가 돌아가셨거든요. 아빠는 한 달 전에 사고를 당하셨어요. 눈이 엄청나게 오는데 트럭을 몰고 집으로 오시다가 변을 당하신 거죠. 이제는 엄마가 돈을 벌기 위해 일을 하러 다니세요. 전 다리가 불구이기 때문에 별로 도움이 되어 드릴 수가 없어요. 엄마는 걱정할 필요 없다고, 우리가 잘 헤쳐 나갈 거라고 말씀하세요. 하지만 밤 늦은 시간에 가끔 엄마가 우시는 소리를 들어요."

소년은 잠시 말을 끊었다가 다시 이었다.

"지금 저에게는 한 가지 소원이 있어요. 아저씨들이 저한테 신경 쓰기에는 너무도 바쁘다는 걸 저도 잘 알아요. 하지만 아빠는 집에 돌아오시면 저를 트럭에 태우고 동네를 한 바퀴 돌곤 하셨거든요. 이제는 아빠가 돌아가셨기 때문에 그것이 모두 끝나고 말았어요."

테디 베어(곰인형)란 별명을 가진 이 어린 장애자 소년이 나와 대화를 하는 동안 어떤 트럭 운전사도 우리의 무선 통화에 끼어들지 않았다. 나는 목이 메어 제대로 말을 할 수가 없었다. 집에 있는 내 어린 아들을 생각하니 더욱 그랬다.

"아빠는 올해 안에 엄마와 저를 차에 태워 주시겠다고 말했어요. 아빠는 나에게 '언젠가는 이 트럭이 네 것이 될 거다, 테디 베어.' 하고 말씀하셨어요. 하지만 전 이제 다시는 18륜 트럭을 타볼 수 없을 거예요. 그래도 이 낡은 무전기가 트럭 운전사 아저씨들과 저를 연결시켜 줄 거예요. 테디 베어는 이제 아저씨들과 작별하고 무전기를 꺼야 해요. 엄마가 돌아오실 시간이 됐거든요. 하지만 아저씨들이 이 근처를 지나갈 때는 저한테 소리쳐 주세요. 그러면 제가 기쁘게 아저씨들에게 돌아올께요."

내가 말했다.

"어린 무전기 친구, 너의 집이 어딘지 말해 줄 수 있니?"

아이는 내게 자신의 집 주소를 말해 주었다. 나는 단 1초도 지체하지 않았다. 내가 운반하고 있는 급송 화물도 이 순간에는 중요한 게 아니었다. 나는 좁은 곳에서 곧장 트럭을 돌려 아이가 일러 준 잭슨 가 229번지로 향했다.

모퉁이를 도는 순간 나는 큰 충격을 받았다. 스무 대가 넘는 18륜 트럭들이 소년의 집 앞 도로를 세 블럭이나 가득 메우고 있었다. 주위의 수킬로미터 안에 있던 모든 트럭 운전사들이 무전기를 통해 테디 베어와 내가 나누는 얘기를 들었던 것이다. 아이는 청취자들을 감동시키는 능력을 갖고 있었다.

한 트럭 운전사가 아이를 트럭에 태우고 동네를 한 바퀴 돌아오면 또다른 운전사가 아이를 다시 트럭에 태우고 출발했다. 나역시 차례를 기다려 테디 베어를 내 트럭에 태울 수 있었다. 그런 다음 나는 아이를 집으로 데리고 돌아와 의자에 앉혔다.

친구들! 만일 내가 다시 행복을 볼 수 없다면 난 당신들에게 말해 주고 싶다. 그날 내가 그 어린 친구의 얼굴에서 행복을 보았음을.

우리는 아이의 엄마가 집으로 돌아오기 전에 일을 모두 마쳤다. 운전사들은 서로 작별인사를 하고 떠났다. 아이는 얼굴 가득 미소를 지으며 내게 악수를 청했다. 그리고는 말했다.

"안녕히 가세요, 트럭 운전사 아저씨. 제가 다시 아저씨를 붙잡을게요."

나는 눈물이 글썽거리는 채로 고속도로를 달렸다. 내가 무전기를 트는 순간 또다른 놀라움이 찾아왔다. 한 목소리가 무전기에서 흘러나왔다.

"트럭 운전사 아저씨들, 여기 테디 베어의 엄마가 고맙다는 말씀을 전합니다. 여러분들 모두를 위해 우리가 특별한 기도를 드리겠습니다. 왜냐하면 여러분들이 제 어린 아들의 소원을 이루어 주셨으니까요. 제가 울음을 터뜨리기 전에 이 무전을 마쳐야겠군요. 신께서 여러분과 함께 달리기를 기원합니다. 안녕히 계세요."

데일 로얄, 토미 힐, 레드 소바인, J. 윌리엄 데니

한 사람도 빠짐없이!

어린 채드는 부끄럼 많고 조용한 아이였다. 어느날 아이는 집으로 돌아와 엄마에게 말했다. 발렌타인 데이에 자기 반 학생들 모두에게 선물을 하고 싶다고.

엄마의 가슴이 철렁 내려앉았다. 엄마는 채드가 그 계획을 취소하기를 바랬다. 왜냐하면 엄마는 아이들이 수업을 마치고 학교에서 걸어나올 때마다 아들 채드가 항상 맨 끝에서 외톨이로 걸어오는 걸 보았기 때문이다. 다른 아이들은 서로 어울려 웃고 떠들며 어깨동무를 하고 걸어나왔다. 하지만 채드는 언제나 제외되었다.

그럼에도 불구하고 엄마는 아들의 소원을 들어 주기로 했다. 그래서 그녀는 종이와 풀과 크레용 등을 사왔다. 그 후 3주간에 걸쳐 채드는 밤이면 밤마다 서른다섯 명의 급우들에게 줄 발렌타인 선물을 공들여 만들었다.

마침내 발렌타인 데이가 밝았다. 채드는 흥분이 되어 아침밥도 제대로 먹지 못했다. 간밤에 포장해 둔 선물꾸러미들을 가방에 넣고 채드는 서둘러 집을 나섰다.

엄마는 채드를 위해 아이가 학교에서 돌아오면 아이가 좋아하는 과자를 구워 따뜻한 우유와 함께 내놔야겠다고 생각했다. 엄마는 아이가 실망하리라는 걸 알고 있었기 때문이다. 따뜻한 우유와 과자가 어쩌면 아이의 상처 입은 마음을 약간이라도 위로해 줄 수 있을 것 같았다. 아이는 다른 학생들로부터는 별로 많은 발렌타인 선물을 받지 못할 것이다. 아니 어쩌면 단 한 개도 받지 못할지도 모른다. 그러한 생각이 들자 엄마는 몹시 마음이 아팠다.

그날 오후, 엄마는 아이가 돌아올 시간에 맞춰 과자를 굽고 우유를 식탁 위에 차려 놓았다. 바깥에서 아이들 목소리가 들렸을 때 그녀는 창 밖을 내다보았다. 역시 아이들이 웃으면서 즐거운 표정들을 하고 걸어오고 있었다. 그리고 언제나와 마찬가지로 채드는 맨 뒤에서 외톨이로 오고 있었다. 하지만 채드는 다른 때보다 약간 빨리 걷고 있었다. 엄마는 아이가 집 안으로 뛰어들어 오자마자 눈물을 터뜨릴 것이라고 예상했다. 아이가 빈 손으로 오고 있는 걸 엄마는 눈치챘다. 그래서 문이 열렸을 때 엄마는 눈물을 감추느라 애를 썼다.

엄마는 말했다.

"엄마가 너에게 주려고 과자와 우유를 준비했다."

하지만 아이는 엄마의 말을 듣지도 않았다. 아이는 빛나는 얼굴로 엄마에게 달려오더니 이렇게 말했다.

"한 사람도 없었어요. 한 사람도!"

엄마의 가슴이 철렁 내려앉았다.

그러자 아이가 덧붙였다.

"한 사람도 빠진 사람이 없었다구요! 단 한 사람도 빼놓지 않고 내가 가져간 선물 숫자가 딱 맞았어요!"

데일 갤러웨이

누가 이것을 발견하든지

도시의 어느 조용한 거리를 키 작은 노인이
천천히 걸어가고 있었다. 가을 오후였다.
낙엽들은 그에게 지나간 다른 여름들을 생각나게 했다.
이제 이듬해 유월이 올 때까지 그는 또다시
길고 고독한 밤들을 보내야만 했다.

그때 고아원 근처의 낙엽들 사이에서
종이쪽지 하나가 그의 눈에 띄었다.
노인은 몸을 숙여 떨리는 손으로 그것을 주워들었다.
어린아이의 글씨체로 쓰여진 그 글을 읽으면서
노인은 눈물이 글썽거렸다.
그 단어들이 하나씩 그의 마음을 울렸다.

쪽지에는 이렇게 적혀 있었다.
"누가 이것을 발견하든지, 난 당신을 사랑해요.

누가 이것을 발견하든지, 난 당신이 필요해요.
난 얘기를 나눌 사람이 아무도 없어요.
그러니 누가 이것을 발견하든지, 난 당신을 사랑해요."

노인은 눈을 들어 고아원을 두리번거렸다.
마침내 노인은 창틀에 코를 누른 채 밖을 내다보고 있는
외로운 여자아이를 발견했다.
노인은 마침내 자신에게 친구가 생겼음을 알았다.
그래서 노인은 소녀에게 손을 흔들며 미소를 지었다.
그리고 그들은 알았다. 그들이 그 겨울을
웃으며 보내리라는 것을.

그들은 실제로 그 겨울을 웃으며 보냈다.
담장을 사이에 두고 얘길 나누고,
서로를 위해 만든 선물을 주고받으면서.
노인은 그 어린 소녀를 위해 장난감을 만들어 주었다.
그리고 소녀는 노인을 위해 크레용으로 초록색 나무와
햇빛에 둘러싸인 아름다운 부인들을 그려 주었다.
그리고 그들은 더 많이 웃었다.

이윽고 여름이 오고 유월의 첫째날이 되었을 때
어린 소녀는 노인에게 그림을 보여 주기 위해
담장이 있는 곳으로 달려갔다. 하지만 노인은 그곳에 없었다.
그리고 어린 소녀는 알았다.

그가 다시는 오지 않으리라는 것을.
그래서 소녀는 자신의 방으로 돌아가
크레용과 종이를 꺼내 써 내려갔다.

"누가 이것을 발견하든지, 난 당신을 사랑해요.
누가 이것을 발견하든지, 난 당신이 필요해요.
난 얘기를 나눌 사람이 아무도 없어요.
그러니 누가 이것을 발견하든지, 난 당신을 사랑해요!"

작자 미상

장난감 공룡을 옷에 꽂고 다니는 이유

어린아이와 힘께 있으면 영혼이 치료된다.

표도르 도스토예프스키

한 회사의 대표이고, 존경받는 한 집안의 가장인 남자가 왜 창피한 줄도 모르고 자신의 양복 옷깃에 장난감 공룡을 꽂고 다니는가?

어느날 내가 볼 일이 있어서 급히 차를 몰고 나가려는데 내 아들이 작은 손을 내밀며 달려왔다. 아이는 얼굴에 미소를 짓고, 두 눈빛이 작은 흥분으로 반짝이고 있었다. 내가 차 유리문을 내리고 쳐다보자 아들이 말했다.

"아빠에게 드릴 선물이 있어요."

"정말로?"

나는 흥미를 가장하며 말했지만, 내심으론 시간이 늦어지는 것 때문에 초조해졌다. 서둘러 떠나야 한다는 생각밖에 머릿속에 없었다. 그런데 아이는 천천히 손가락을 펴서 여섯살짜리의 보물을 내보였다.

"아빠에게 주려고 이걸 가져왔어요."

그 작은 손 안에는 흰색 구슬 하나, 낡고 고장난 경주용 자동차, 토막난 고무 밴드, 그리고 몇 가지 물건이 더 있었지만 불행히도 나는 그것들이 무엇이었는지 잊어버렸다.

아이는 자부심에 차서 말했다.

"이걸 가지세요, 아빠. 아빠에게 드리는 거예요."

"지금은 안 된다, 얘야. 난 어디를 급히 가야 하거든. 그걸 내 대신 차고의 냉동기 위에 올려놔 주겠니?"

아이의 미소가 사라졌다. 하지만 아이는 내 지시에 따라 차고 안으로 걸어들어가고, 나는 그 자리를 떠났다. 큰길에 진입하는 순간부터 나는 후회하기 시작했다. 집에 돌아오면 좀더 감사하는 진실한 마음으로 그 선물을 받아들여야겠다고 마음속에 새겨두었다.

저녁에 집에 돌아온 나는 아이에게 물었다.

"아들아, 네가 나에게 준 그 멋진 장난감들 어디에 두었니?"

아이는 무미건조하게 대답했다.

"아빠가 그것들을 별로 좋아하는 것 같지 않길래 아담에게 주었어요."

아담은 길 건너편에 사는 어린 소년이다. 나는 그 아이가 나보다 훨씬 더 감사하고 흥분된 마음으로 그 보물들을 선물받는 모습을 충분히 상상할 수 있었다.

아이의 결정은 내 마음에 상처를 주었지만 난 응당 그런 대접을 받아야만 했다. 그것은 아이의 행동에 대해 내가 무신경한 반응을 보인 결과일 뿐이었다. 또한 그 일은 내 안에 남아 있는 또 다른 아이의 기억까지도 되살려 주었다.

〈어린시절의 상처〉

누나의 생일이었다. 소년이 가진 돈은 2달러가 전부였다. 그래서 소년은 세일 판매를 하는 잡화점에서 누나에게 줄 선물을 사기로 했다. 아이는 상점 안을 몇 바퀴나 돌았지만 별로 성공을 거두지 못했다.

아주 특별한 선물이어야만 했다. 아이는 마침내 선반 위에 있는 물건을 발견했다. 매우 눈길을 끄는 물건이었다. 그것은 멋지게 생긴, 플라스틱으로 만든 풍선껌 기계였다. 안에는 밝은 색깔의 풍선껌이 가득 들어 있었다. 아이는 그것을 사갖고 집으로 돌아오자마자 누나에게 당장이라도 보여 주고 싶었다. 하지만 용감하게 그 충동을 억제했다.

드디어 누나의 생일이 되었다. 누나는 또래 친구들이 참석한 생일 파티에서 자신에게 들어온 선물 상자들을 풀기 시작했다. 각각의 포장을 풀 때마다 누나는 기뻐서 환성을 질렀다.

그리고 누나가 환성을 지를 때마다 어린 소년은 점점 더 걱정이 되었다. 누나의 친구들은 모두 부잣집 아이들이었다. 그래서 누나에게 2달러보다는 훨씬 값나가는 선물들을 살 수 있었다. 그들이 가지고 온 선물은 한결같이 비싸고, 빛이 났으며, 모두의 관심을 끌 만큼 효과가 있었다. 아이의 작은 선물 꾸러미는 점점 작고 초라해져 갔다.

그래도 아이는 기대를 버리지 않았다. 누나가 자기가 주는 선물을 풀어 보는 순간 기쁨으로 얼굴이 빛나리라고 소년은 기대했다. 어쨌든 누나는 아직까지 먹을 수 있는 것은 아무것도 받지 못했다.

누나가 마침내 소년이 준 선물을 열었다. 소년은 누나의 실망스런 표정을 금방 눈치챘다.

누나는 약간 당황한 것 같았다. 갑자기 그 멋진 풍선껌 기계가 싸구려 플라스틱 장난감으로 변해 버렸다. 하지만 친구들이 보는 앞이기 때문에 누나는 자존심을 지키기 위해서라도 기뻐하는 표정으로 그 선물을 받을 수밖에 없었다. 누나는 한 순간 동안 아무 말이 없었다.

그러다가 누나는 일부러 친구들에게 미소를 지어 보이고는 은혜를 베푸는 듯한 목소리로 자신의 남동생에게 말했다.

"고맙다, 얘. 내가 정말 갖고 싶은 거였어."

몇 명의 여자아이들은 참지 못하고 낄낄거리며 웃었다.

누나는 재빨리 이어서 진행될 생일 축하 게임으로 화제를 돌렸다. 어린 소년은 마음에 상처를 받고 풀이 죽어서 시선을 돌렸다. 세일 판매 가게에서 그토록 멋지게 보였던 장난감이 이제는 형편없는 싸구려 물건에 지나지 않았다.

아이는 천천히 그것을 집어들고 현관으로 걸어나가서 울기 시작했다. 그가 산 싸구려 선물은 다른 사람들이 준 선물에 비교가 되지 않았다. 모두를 난처하게만 만들었을 뿐이었다.

집 안에서는 웃음 섞인 축하 파티가 계속되었다. 그것은 아이를 더욱 고통스럽게 만들 뿐이었다. 조금 뒤 아이의 엄마가 나타나 왜 울고 있느냐고 물었다. 아이는 흐느껴 울면서 최선을 다해 설명했다.

엄마는 말없이 듣고 있더니 집 안으로 들어갔다. 잠시 후 아이의 누나가 혼자서 나타났다. 누나의 말투로 보아 엄마가 누나를 내보낸 것임을 소년은 알 수 있었다. 하지만 누나는 진심으로 사과를 했다. 동생을 무시하거나 상처를 주려는 의도가 아니었음을 아이도 이해할 수 있었다. 누나는 이제 아홉살이었기 때문에 상대방의 감정을 살피는 까다로운 일과 하룻동안 공주가 되고 싶은 욕망 사이에서 균형을 잡는 것에 익숙치 않았다.

누나는 아홉살짜리의 방식으로 나름대로 부드럽게 설명했다. 소년이 준 풍선껌 장난감이 정말로 마음에 든다고 누나는 말했다. 소년은 알았다고 대답했다. 그리고 소년은 정말로 알았다. 좋은 누나라는 것을.

이제 그것이 완전히 반대 입장이 된 것이다. 단 이번에는 선물을 주는 쪽이 아들이고, 그것을 받아들이는 쪽이 아버지인 나 자신이라는 것이 다를 뿐이었다. 이 어린 친구는 내가 얼마큼 진실한 감정으로 그 선물을 받아들이는가를 결정할 것이고, 내 반응이 그 결정에 중요한 역할을 할 것이다.

〈최고의 선물〉

우리는 아이들에게 반복해서 물건의 가격은 중요한 게 아니며 중요한 것은 마음이라고 말한다. 그래서 아이들은 아버지가 비싼 새 물건에는 '신나하면서 작은 손과 큰 가슴으로 정성들여 만든 사랑의 근원적인 징표를 무시하는 것을 이해할 수 없다. 비싼 새 자전거나 CD 플레이어를 사 주는 손보다 오히려 그 작은 손이 아버지에 대해 훨씬 더 깊이 생각하고 있다는 것을 몰라 준다면 아이는 상처받을 수밖에 없다.

내가 문제에 직면한 것은 크리스마스가 되었을 때였다. 우리 집 아이들은 학교에서 열린 벼룩시장에서 선물을 사기로 했다. 벼룩시장에는 일반 가게에서도 구할 수 없는 독특한 상품들이 많다. 그리고 물건들이 값이 싸기 때문에 아이들이 좋아한다.

아이들은 나를 위해 선물을 샀다. 그리고 내가 무엇을 받을 것인가에 대해 끝까지 비밀을 지켰다. 특히 여섯살짜리 아들은 내가 받을 선물이 무엇일까에 대한 궁금증으로 나를 계속 괴롭혔다. 선물은 크리스마스 트리 아래 '창조적으로' 포장되어 있었다. 하지만 아이는 스스로도 참을 수 없는지 날마다 그것이 무엇일 것 같으냐고 내게 묻곤 했다.

크리스마스 아침이 되자, 그것도 매우 이른 시각에 아이는 흥분과 기대에 찬 얼굴로 첫번째로 내게 선물 상자를 내밀었다. 자기가 주는 선물을 맨 먼저 열어 보라고 아이는 졸라댔다. 아이는 흥분이 되어 죽겠다는 표정이었다. 마치 내가 이런 굉장한 선물은 두 번 다시 못 받게 되리라는 확신을 갖고 있었다.

나 역시 기대에 차서 포장을 뜯고 상자를 열었다. 거기 그 선물이 있었다. 정말로 내가 여태껏 받은 것들 중에서 가장 멋진 선물이었다. 나는 이제 더 이상 서른다섯살 어른의 눈을 통해서 그것을 바라보지 않았다. '최첨단 기술'이 생산해 내는 물건들에 닳아빠진, 그리고 '더 빠르고, 더 간편하고, 더 경제적인' 것들에만 가치를 두는 어른의 눈을 버리고, 그 대신 흥분된 여섯살짜리의 눈으로 그 선물을 바라보았다.

그것은 2센티미터 크기의 초록색 플라스틱으로 만든 티라노사우루스 공룡이었다. 그것도 하나가 아니고 모양이 다른 여러 개가 세트로 들어 있었다. 하지만 아들은 재빨리 그 중 가장 멋지게 생긴 것을 가리켰다. 그것의 앞발톱에는 항상 옷에 꽂고 다닐 수 있도록 클립이 부착되어 있었다.

그날 크리스마스 아침에 본 아들의 눈을 나는 결코 잊지 못할 것이다. 그 눈은 기대와 희망과 사랑으로 가득차 있었다. 어린아이의 순수한 눈에서만 발견할 수 있는 그런 눈빛이었다.

역사는 반복되기 마련이다. 그 작고 파란눈이 나에게 여러 해 전에 내가 했던 것과 똑같은 질문을 던지고 있었다. 징밀로 중요한 건 마음이냐고? 나는 아이가 온갖 자질구레한 물건들 속에서 하나의 보석을 발견하기 위해 얼마나 고심하며 벼룩시장을 뒤졌을까를 상상했다. 아빠에게 사랑의 감정을 가장 잘 전달할 그런 물건을 찾아서.

나는 아이가 던지는 무언의 질문에 답하기라도 하듯 그 자리서 그것을 옷깃에 꽂고는 매우 근사하다고 환성을 질렀다. 그럼으로써 아이의 생각이 옳음을 증명해 보였다.

난 그 선물이 정말 마음에 들었다. 그 후 몇 주일 동안 나는 말 그대로 어느 곳엘 가든지 그 플라스틱 공룡을 내 윗옷 옷깃에 꽂고 다녔다. 이상하게도 아무도 그것의 가치를 눈치채지 못하는 듯했다. 아들밖에는 아무도 그것을 알아 주지 않았다.

크리스마스에 특별히 마음의 선물을 주고받는 아이들의 얼굴에 나타난 표정은 비싼 보석이나 CD 음반을 선물하는 어른들의 얼굴 표정과는 다르다.

지난 해 크리스마스에는 이웃집에 사는 두 아이가 우리집 아이들에게 종이로 직접 만든 크리스마스 양말을 선물했다. 양말 안에는 여러 가지 보물들이 들어 있고, 바느질 대신 수십 개의 호치키스가 양말 둘레에 촘촘히 박혀 있었다.

양말 속에는 이상한 모양의 크리스마스 캔디와 자기들이 갖고 놀던 아끼는 물건들이 들어 있었다. 그 아이들의 집안은 결손 가정이어서 돈이 별로 많지 않았다. 하지만 사랑과 진심 어린 마음이 그 물건들 속에 깃들어 있음을 알 수 있었다. 어린아이들의 입장에서 보면 그것들이 바로 황금과 유향과 몰약이었다.

언제 우리는 마음의 중요성을 잊어버리는가? 나는 이 질문을 내 자신에게 거듭 묻곤 한다. 그것은 우리가 서로를 위해서 하는 가장 소중한 행동들을 물질적인 가치로 평가할 때이다. 그때 마음의 소중함은 뒷전으로 밀려난다.

내 아들이 내게 선물한 물건의 실제 값어치는 몇 푼밖에 안 되지만 내게는 그것이 황금만큼이나 가치가 있다. 따라서 이 다음에 만일 누군가 존경받는 어른의 옷차림에 전혀 어울리지 않는 조잡한 종이 넥타이나 판박이로 된 5센트짜리 '근사한' 나비 문신을 하고 다닌다면 그를 안 됐다고 여기지 말라. 만일 그에게 그것들이 약간 우스꽝스럽게 보인다고 말하면 그는 단지 미소를 지으며 이렇게 말할 것이다.

"그럴지도 모르죠. 하지만 내 여섯살짜리 아들은 내가 지금 세상에서 가장 좋은 것을 선물로 받았다고 여기고 있습니다. 그리고 미국 재무성이 아무리 많은 돈을 가졌다 해도 내게서 이것을 사 갈 순 없지요."

이것이 내가 플라스틱 공룡을 양복 옷깃에 꽂고 다니는 이유
이다.

댄 셰퍼

일하는 남자

나는 누군가 얘길 나눌 때 몰래 엿듣는 사람이 결코 아니다.

그런데 어느날 밤 늦게 현관에 들어서는데 아내가 막내아들을 부엌 식탁에 앉혀 놓고 얘기를 나누고 있었다.

그래서 나는 현관에 서서 조용히 그들이 하는 대화를 엿듣게 되었다.

대화의 내용으로 보아 아마도 몇몇 아이들이 우리집에 놀러왔다가 자기들의 아버지의 직업에 대해 자랑을 한 모양이었다.

다들 큰 회사의 사장들이었다. 그리고 나서 아이들은 우리의 아들 보브에게 물었다.

"너의 아빠는 어떤 멋진 직업을 갖고 있지?"

보브는 시선을 내리깔면서 작은 목소리로 말했다.

"우리 아빤 그냥 노동자이셔."

아내는 아이들이 다 갈 때까지 기다렸다가 우리의 막내아들을 불렀다.

"아들아, 엄마가 너한테 할 말이 있단다."

아내는 아들의 보조개 있는 뺨에 입을 맞춘 뒤 말했다.

"넌 너의 아버지가 단순히 노동자라고 말했지. 네가 한 말은 사실이다.

하지만 난 네가 그 말이 무엇을 뜻하는지 잘 알지 못하는 것 같아서 너한테 설명해 주려고 한다."

"이 나라를 부강하게 만드는 모든 큰 회사들에서,
날마다 많은 화물을 실어나르는 트럭들과 상점들과 시장에서,
그리고 새로운 집이 세워지는 모든 건설 현장에서
넌 이것을 기억해야 한다, 아들아.
그 훌륭한 일들을 해내는 것은 평범한 노동자들이라는 것을!"

"회사의 사장들이 멋진 책상을 갖고 있고 하루 종일 깨끗한 옷을 입고 있는 것은 사실이다.

그들은 자신들이 이루어야 할 큰 프로젝트들을 계획하고 지시 내릴 사항들을 메모하지.

하지만 그들의 꿈이 현실로 실현되기 위해서는, 이것을 기억 하거라, 아들아.

그 모든 큰 일들을 해내는 것은 평범한 노동자들이라는 사실 을!"

"모든 사장들이 그들의 책상을 떠나 일 년 동안 쓰러져 있다고 해도

회사의 바퀴들은 여전히 돌아갈 수 있지. 최고 속도로 돌아가 는 거야.

하지만 만일 너의 아버지 같은 사람들이 일터에 가지 않으면 그 회사는 돌아갈 수가 없다.

그 모든 훌륭한 일들을 해내는 것은 바로 평범한 노동자들이니까!"

현관으로 들어서면서 나는 눈물이 글썽거리고 목이 메었다.

막내아들이 반가움이 가득한 눈으로 내게 달려왔다.

아들은 나를 껴안으며 말했다.

"아빠, 전 아빠의 아들인 게 자랑스러워요.

왜냐하면 아빠는 그 모든 큰 일을 해내는 아주 특별한 사람들 중의 한 사람이니까요!"

에드 피터맨

전부 무료

어느날 저녁 내 아내가 저녁 준비를 하고 있는데 우리의 어린 아들이 부엌으로 와서 엄마에게 자기가 쓴 글을 내밀었다. 아내는 앞치마에 손을 닦은 다음에 그것을 읽었다. 거기엔 이렇게 적혀 있었다.

잔디 깎은 값	5달러
이번 주에 내 방 청소한 값	1달러
가게에 엄마 심부름 다녀온 값	50센트
엄마가 시장 간 사이에 동생 봐준 값	25센트
쓰레기 내다 버린 값	1달러
숙제를 잘한 값	5달러
마당을 청소하고 빗자루질을 한 값	2달러
전부 합쳐서	14달러 75센트

아내는 기대에 차서 바라보는 아들의 얼굴을 쳐다보았다. 나

는 아내의 머릿속에 어떤 생각들이 스쳐 지나가는지 알 수 있었다. 이윽고 아내는 연필을 가져와 아들이 쓴 종이 뒷면에 이렇게 적었다.

너를 내 뱃속에 열 달 동안 데리고 다닌 값, 무료.
네가 아플 때 밤을 세워가며 간호하고 널 위해 기도한 값, 무료.
너 때문에 지금까지 여러 해 동안 힘들어 하고 눈물 흘린 값, 전부 무료.
이 모든 것 말고도 너에 대한 내 사랑은 무료.
너 때문에 불안으로 지샌 수많은 밤들과 너에 대해 끝없이 염려해야 했던 시간들도 모두 무료.
장난감, 음식, 옷, 그리고 심지어 네 코를 풀어 준 것까지도 전부 무료.
이 모든 것 말고도 너에 대한 내 진정한 사랑은 무료.

아들은 엄마가 쓴 글을 다 읽고 나더니 갑자기 눈물을 뚝뚝 흘리며 엄마에게 말했다.
"엄마, 사랑해요!"
그러더니 아들은 연필을 들어 큰 글씨로 이렇게 썼다.
"전부 다 지불되었음!"

M. 아담스

중요한 일

시애틀에서 달라스로 가는 비행기의 마지막 탑승자는 한 부인과 세 명의 아이들이었다. 나는 속으로 생각했다.

'오, 제발 내 옆에는 앉지 말아야 하는데! 난 할 일이 많아요. 비행기를 내리기 전에 중요한 서류를 검토해야 한다구요!'

하지만 내 속마음과는 상관없이 어느 순간에 열두살짜리 여자아이와 열살짜리 남자아이가 내 무릎을 타고 넘기 시작했으며, 그 부인과 다섯살짜리 아이는 뒷좌석에 앉았다. 자리에 앉자마자 나이든 아이들은 즉각적으로 말다툼을 해대기 시작했다. 그리고 뒷좌석에 앉은 꼬마 아이는 내 좌석을 발로 걷어차기 시작했다. 거의 매분마다 남자아이는 제 누나에게 물었다.

"우리 지금 어디쯤 왔어?"

그러면 여자아이는 소리쳤다.

"입 좀 닥치고 있어!"

그러면 또다시 새로운 라운드의 말다툼이 시작되었다.

나는 머리를 흔들었다.

'아이들은 도무지 중요한 일에 대한 개념이 없단 말야.'

나는 속으로 내가 처한 곤경을 원망했다. 그때 내 마음속에서 분명하게 어떤 목소리 하나가 들려왔다. 그 목소리는 내게 말했다.

'그 아이들을 사랑해 봐.'

나는 스스로에게 반박했다.

'이 아이들은 아무도 못 말릴 개구장이들이야. 그리고 난 지금 중요한 할 일이 있다구.'

내 내면의 목소리는 간단히 대답했다.

'그 아이들이 너 자신의 아이들인 것처럼 사랑해 봐.'

끝없이 반복되는 "우린 지금 어디쯤 왔어?" 하는 질문에 나는 마침내 읽으려던 서류뭉치를 치우고 기내 잡지를 빼들었다. 나는 잡지에 실려 있는 지도를 펼쳐 놓고 아이들에게 우리의 비행기가 가고 있는 노선을 설명했다. 15분 단위로 거리를 나눠 비행 거리를 설명하고, 언제쯤 우리가 달라스에 도착하게 될 것인가를 계산해 주었다.

잠시 후에 아이들은 내게 자기들이 지금 병원에 입원한 아버지를 만나러 시애틀에 갔다가 돌아오는 길이라고 설명했다. 대화 중에 아이들은 비행기와 항공술과 과학에 대해, 그리고 인생에 대한 어른들의 생각에 대해 질문했다. 시간은 빠르게 흘러갔고, 나의 중요한 할 일은 여전히 뒷전으로 밀려나 있었다.

착륙할 준비를 하고 있는 동안에 나는 아이들에게 아버지는 지금 상태가 어떠냐고 물었다. 아이들은 갑자기 조용해지더니 남자아이가 짤막하게 대답했다.

"돌아가셨어요."

"아, 참 안 됐구나."

"그래요. 저도 슬퍼요. 하지만 제가 가장 걱정되는 건 제 막내 동생이에요. 우린 괜찮지만 저 애는 정말 힘들게 살아갈 거예요."

나는 문득 우리가 지금까지 나눈 이야기가 가장 중요한 일이라는 것을 깨달았다. 슬픔과 비탄에도 불구하고 살고 사랑하고 성장해야만 하는 것, 그것만큼 인생에서 중요한 일이 또 있겠는가? 달라스에 내려 작별인사를 할 때 남자아이는 악수를 청하면서 '비행기 안에서의 교사'가 되어 준 것에 대해 감사하다고 말했다. 나도 아이들에게 나의 교사가 되어 준 것에 대해 감사하다고 대답했다. 아이들은 내게, 중요한 것은 서류 검토가 아님을 일깨워 준 것이다.

댄 S. 배글리

입양된 아이의 유산

서로를 전혀 알지 못하는 두 여성이 있었다.

넌 그 중 한 여성을 기억하지 못한다. 그리고 다른 여성을 넌 엄마라고 부른다.

두 여성의 서로 다른 삶이 합쳐져 널 만들었다.

한 명은 너를 안내하는 별이 되었다. 다른 한 명은 너의 태양이 되었다.

한 명은 너에게 삶을 주었고, 다른 한 명은 너에게 그 삶을 사는 법을 가르쳐 주었다.

한 명은 너에게 사랑의 필요를 주었고, 다른 한 명은 그 필요를 채워 주기 위해 그곳에 존재했다.

한 명은 너에게 국적을 주었으며, 다른 한 명은 너에게 이름을 주었다.

한 명은 너에게 타고난 재능을 주었고, 다른 한 명은 너에게 인생의 목표를 심어 주었다.

한 명은 너에게 감정을 주었으며, 다른 한 명은 너의 두려움을 감싸 주었다.

한 명은 너의 첫번째 미소를 보았고, 다른 한 명은 너의 눈물을 닦아 주었다.

한 명은 자신이 만들어 줄 수 없는 가정을 너에게 찾아 주었고, 다른 한 명은 아이를 갖게 해달라는 기도의 응답을 받았다.

그리고 이제 너는 눈물을 흘리며

지금까지 다른 사람들이 해 온 똑같은 질문을 자신에게 던지고 있다.

나는 누구인가? 누가 나를 만들었는가? 친부모인가, 양부모인가?

아니다, 얘야. 그것이 아니다. 다만 두 개의 서로 다른 사랑이 널 만든 것이다.

작자 미상

보는 사람에 따라서

어느날 밤, 여덟살 먹은 아들 자카리야와 나는 재미있는 프로가 없나 하고 텔레비전 채널을 이리저리 돌리고 있었다. 그러다가 내가 말했다.

"야, 여기 미인대회를 하고 있네."

어린 자카리야는 나에게 미인대회가 무엇이냐고 물었다. 나는 그것이 세상에서 가장 아름다운 여성을 뽑는 대회라고 설명했다. 그러자 아들은 아주 진지하게 나를 쳐다보며 이렇게 말해서 나를 완전히 감격하게 만들었다.

"그럼 엄마는 왜 저기에 안 나갔어?"

타미 리치필드 나자르
〈여성 세계〉에서 인용

3

배
움
을
위
하
여

교사는 자신을 하나의 다리로 사용하는 사람들이다.

그는 그 다리 위로 학생들을 초대해 건너게 한다.

그렇게 해서 아이들이 건너간 다음에는 즐거운 마음으로 무너진다.

제자들로 하여금 그들 자신의 다리를 만들게 하고서.

버질

워싱턴 선생님

고등학교 2학년 때 나는 친구를 만나기 위해 다른 반 교실로 들어갔다. 내가 교실로 들어가자 그 반 담임인 워싱턴 선생님이 갑자기 나타나더니 나더러 칠판에 가서 어떤 문제를 풀어 보라고 지시하셨다. 나는 그렇게 할 수 없다고 말씀드렸다. 그랬더니 그분이 물으셨다.

"왜 할 수 없다는 것이지?"

내가 대답했다.

"전 이 반 학생이 아니거든요."

선생님이 말씀하셨다.

"그건 상관없다. 어서 칠판으로 가라."

난 다시 말했다.

"그래도 전 할 수 없습니다."

선생님이 또 물으셨다.

"왜 못한다는 거야?"

나는 약간 당황했기 때문에 잠시 더듬거리다가 말했다.

"전 정신지체 아동이거든요."

그분은 책상에서 일어나 나한테로 다가오더니 내 눈을 쳐다보며 말씀하셨다.

"다시는 그런 말을 하지 마라. 너에 대한 다른 사람들의 의견은 너의 진짜 모습과는 아무 상관이 없다."

워싱턴 선생님의 그 말씀은 나 자신에 대한 오랜 편견으로부터 나를 해방시켜 주는 매우 중요한 계기가 되었다. 물론 한편으로는 다른 학생들이 나를 보고 웃고 있었기 때문에 나는 수치심을 느꼈다. 그들은 내가 특수반에 소속된 학생이라는 걸 알고 있었다. 하지만 다른 한편으로는 나에 대한 주위 사람들의 견해에 결코 얽매일 필요가 없다는 그분의 말씀이 내게 크나큰 해방감을 안겨 주었다.

그렇게 해서 워싱턴 선생님은 내 마음속에 나의 스승으로 자리잡았다. 이 일이 있기 전에 나는 두 번이나 학교에서 낙제를 한 적이 있었다. 초등학교 5학년 때 나는 정신지체 아동으로 판명되었고, 그 결과 다시 4학년으로 내려가야만 했다. 중학교 2학년 때에도 또다시 낙제를 했다. 그런데 워싱턴 선생님이 내 인생에 극적인 변화를 가져다 준 것이다.

그 선생님은 괴테의 정신을 실천하는 분이셨다. 괴테는 이렇게 말했다.

"인간을 현재의 모습으로만 판단하면 그는 더 나빠질 것이다. 하지만 그를 미래의 가능한 모습으로 바라보라. 그러면 그는 정말로 그런 사람이 될 것이다."

워싱턴 선생님은 언제나 학생들에게 큰 기대를 가지셨으며,

그런 사실을 학생들 자신이 알게 했다. 내가 아직 고등학교 2학년일 때 하루는 그 선생님이 졸업반 학생들에게 연설을 하는 것을 들은 적이 있다. 그분은 학생들에게 말씀하셨다.

"너희들 각자는 너희들 안에 위대함을 지니고 있다. 너희들은 특별한 어떤 것을 갖고 있다. 너희들 각자는 특별한 존재들이다. 만일 너희들 중 단 한 사람이라도 자기 자신에 대한 폭넓은 시각을 갖지 못하고, 자신이 진정으로 어떤 인간인가를 알지 못한다면, 그리고 자신이 이 지구에 기여할 것이 무엇인가를 알지 못한다면 세상은 그만큼 손해를 보는 것이다. 너희는 너희의 부모를 자랑스럽게 만들고, 너희의 학교를 자랑스럽게 만들 수 있다. 나아가 너희가 속한 사회를 자랑스럽게 만들 수 있다. 너희는 수백만의 삶에 영향을 줄 수 있다."

선생님은 졸업반 학생들에게 말하고 계셨지만, 나에게는 그것이 마치 나를 위한 연설처럼 들렸다.

졸업생들은 그분이 연설을 마치자 일제히 기립 박수를 보냈다. 나중에 나는 주차장에서 기다리고 있다가 그분을 만나서 말했다.

"워싱턴 선생님, 절 기억하세요? 선생님께서 졸업생들에게 말씀을 하실 때 저도 강당에 있었어요."

선생님이 물으셨다.

"넌 거기서 뭘 하고 있었니? 넌 아직 2학년이잖니?"

내가 말했다.

"알아요. 하지만 선생님의 연설하시는 목소리가 강당 문틈으로 들렸어요. 그 연설은 바로 저 자신을 위한 것이었어요. 선생님께선 학생들 모두가 내면에 위대함을 지니고 있다고 말씀하셨어요. 제 안에도 위대함이 있을까요, 선생님?"

그분은 말씀하셨다.

"물론이다, 미스터 브라운."

"하지만 제가 영어 과목과 역사 과목에서 낙제한 건 뭐죠? 그래서 여름 보충수업을 들어야 하는 건 뭐죠? 그건 뭔가요, 선생님? 전 대부분의 학생들보다 확실히 실력이 떨어져요. 제 남동생과 여동생은 벌써 마이애미 대학에 진학할 예정인데 저는 그만큼 똑똑하지가 않아요."

"그건 상관없다. 그것은 단지 네가 더 열심히 공부해야 한다는 걸 의미할 뿐이지. 너의 학업 성적이 네가 누구이며 너의 인생에서 네가 무엇을 만들어낼 수 있는가를 결정짓는 건 아니다."

"전 어머니께 집을 사 드리고 싶어요. 그것이 가장 큰 제 소망이에요."

"그건 언제나 가능하다, 미스터 브라운. 넌 그렇게 할 수 있어."

그리고 나서 그분은 다시 걸어가셨다.

"워싱턴 선생님?"

"또 뭐냐?"

"제가 바로 그런 사람이 되겠어요, 선생님. 저를 꼭 기억해 주세요. 제 이름을 잊지 말아 주세요. 언젠가 선생님께서는 제 이름을 듣게 되실 거예요. 선생님을 자랑스럽게 만들겠어요. 제가 바로 그런 사람이 되겠어요. 꼭 해낼 거예요."

학교는 나에게 정말 힘들었다. 사실 나는 성적이 형편없어도 한 학년에서 다음 학년으로 올라가는 데는 큰 문제가 없었다. 왜냐하면 나는 나쁜 아이가 아니었기 때문이다. 나는 좋은 아이로 평판이 나 있었다. 그리고 나는 재미있는 아이였다. 나는 언제나 사람들을 웃게 만들었다. 또한 나는 겸손하고 예의 바른 학생이었다. 그래서 선생님들은 낙제 성적에도 불구하고 나를 진급시키곤 했다. 그것은 오히려 내게 별로 도움이 되지 않았다. 하지만 워싱턴 선생님은 달랐다. 그분은 내게 최선을 다할 것을 요구했다. 그분은 내게 책임을 지게 했다. 동시에 그분은 내가 충분히 그렇게 할 수 있고, 충분히 내 인생을 책임질 수 있다고 믿게 만들었다.

내가 특수반 학생인데도 불구하고 워싱턴 선생님은 3학년 때 나의 지도교사가 되어 주었다. 대개 특수반 학생은 연극과 연설 과목을 배우지 않는다. 하지만 학교에서 특별 조치를 취해 내가 워싱턴 선생님 밑에서 그 과목들을 배우게 했다. 교장은 워싱턴 선생님이 내게 미치는 영향과 우리들 사이에 자리잡고 있는 끈끈한 애정을 이해하셨다. 왜냐하면 내가 학업 성적이 나아지기 시작했기 때문이다. 생애 최초로 나는 우등 상장을 받았다. 무엇보다 나는 연극반 학생들과 함께 여행을 가고 싶었다. 다른 도시로 여행을 가기 위해서는 우등생이 되어야만 했다. 그것이 학교 교칙이었다. 마침내 우등생이 된 것은 내게는 하나의 기적이나 다름없었다.

워싱턴 선생님은 내가 누구인가에 대해 나 자신이 갖고 있는 그림을 재구성해 주셨다. 내가 가진 정신적인 조건과 외부 환경을 넘어서 내 자신에 대해 폭넓은 시각을 갖게 만들었다.

그로부터 여러 해가 흘러서, 나는 다섯 편의 특별 프로그램을 만들어 텔레비전에 내보냈다. 내가 제작하고 출연한 프로그램 〈넌 그만한 가치가 충분히 있어〉가 마이애미 주의 교육방송 텔레비전에서 방송될 때, 나는 몇몇 친구들을 시켜 워싱턴 선생님께 전화를 걸게 했다. 그리고 나는 전화기 옆에 앉아서 기다렸다. 이윽고 선생님이 디트로이트에 있는 내게 장거리 전화를 거셨다.

수화기를 들자 선생님이 말씀하셨다.

"미스터 브라운을 바꿔 주시겠소?"

"전데요. 실례지만 누구신가요?"

"내가 누군지 자네도 잘 알 텐데."

"아, 워싱턴 선생님이시죠? 맞죠?"

"자넨 정말로 그런 사람이 되었군. 안 그런가?"

"네, 선생님. 약속드린 대로 그런 사람이 되었습니다."

레스 브라운

---

*레스 브라운은 흑인으로서 〈포춘〉 지가 선정한 5백대 기업체들을 상대로 강연을 하는 가장 저명한 연사 중의 한 사람이며, 미국 전역을 돌며 전문적인 세미나 강사로도 활약중이다. 또한 그는 PBS 텔레비전 방송의 특별 프로그램 진행자로도 명성이 높고, 베스트셀러의 저자이기도 하다.

1학년 담임 교사에게

그날 아침 제 앞에 서 있던 그 남자는 초면의 얼굴이었습니다. 하지만 저는 우리 둘 다 딸아이의 손목을 잡은 채 약간은 들뜬 기분으로 걷고 있다는 사실을 눈치챘지요. 그 중요한 날에 우리는 자랑스럽기도 했지만 한편으론 걱정이 되었습니다. 우리의 딸들이 이제 초등학교에 입학한 것입니다. 이제 우리는 학교라고 부르는 제도 속에 적어도 당분간은 아이들을 맡겨야 할 때가 된 것입니다.

우리가 학교 건물 안으로 들어가는 순간 그 남자가 저를 쳐다보았습니다. 딸에 대한 우리의 사랑과, 아이의 미래에 대한 우리의 희망, 아이가 잘 성장해 나가기를 바라는 우리의 염려가 서로의 시선 속에 역력했습니다.

아이들의 담임 교사인 당신이 문앞에서 우리를 맞이했지요. 당신은 자신을 소개하고 아이들을 각자의 자리에 앉혔습니다. 우리는 아이들에게 작별 인사를 하고 교실 문을 걸어나왔습니다. 차를 주차해 둔 곳까지 오면서, 또 각자의 집과 직장으로 돌아오면서 우리는 아무 얘기도 하지 않았습니다. 당신에 대한 여러 가지 생각이 우리를 사로잡고 있었기 때문입니다.

우리는 담임 교사인 당신에게 너무도 많은 얘길 하고 싶었습니다. 하지만 결국 아무 얘기도 하지 못하고 떠나왔습니다. 그래서 이렇게 편지를 쓰는 것입니다. 그 첫째날 아침에 시간이 없어서 당신에게 말할 수 없었던 것들을 말하고 싶습니다.

저는 당신이 그날 제 딸 베티가 입은 옷에 관심을 가져 주었기를 바랍니다. 그 옷을 입은 베티는 정말 예뻤습니다. 이것이 딸을 둔 아버지의 착각이라고 생각하실지 모르지만, 베티 자신도 그 옷을 입으면 자기가 가장 예뻐 보인다고 생각합니다. 중요한 것은 그것이지요. 그 특별한 날에 어울리는 옷을 사기 위해 우리가 일주일 내내 얼마나 많은 옷가게와 백화점을 돌아다녀야 했는지 당신은 모르실 겁니다.

아이는 선생님 앞에서 옷자랑을 하지는 않겠지요. 하지만 베티는 그 옷을 산 이유가 옷가게의 거울 앞에서 그 옷을 입고 한 바퀴 돌 때 우산처럼 펴졌기 때문이라는 것을 선생님이 알아 주기를 원할 것입니다. 그 옷을 입어 보는 즉시 베티는 그것이 자신을 위해 만들어진 특별한 옷임을 알았습니다. 당신이 그 옷에 관심을 가져 주었는지 궁금하군요. 당신이 해 주는 말 한 마디가 그 옷을 더욱더 눈부신 옷으로 만들어 줄 것입니다.

베티가 신은 신발도 베티에 대해, 그리고 베티의 가정에 대해 많은 것을 말해 줍니다. 적어도 그 신발은 당신이 잠시라도 관심을 가져 줄 충분한 가치가 있습니다. 그렇습니다. 그것은 끈이 있는 파란색 신발입니다. 그다지 화려하지 않고, 단색이며, 튼튼하게 만들어진 신발입니다. 어떤 종류의 신발인지 당신도 아시겠지요. 하지만 아마도 당신은 베티가 그 신발을 사기 전에 우리와 어떤 얘기를 주고받았는지는 모르실 겁니다. 베티는 처음에 모든 여자아이들이 신고 싶어하는 그런 종류의 신발을 사기를 원했습니다. 하지만 우리는 자주색이나 핑크색이나 오렌지색 플라스틱 신발은 안 된다고 아이에게 말했습니다.

베티는 자기가 신은 신발을 다른 아이들이 갓난아기들이나 신는 것이라고 놀리지 않을까 걱정했습니다. 마침내 베티는 단색인 파란색 신발을 골랐고, 미소를 지으며 자기는 언제나 끈을 매는 신발이 좋다고 말했습니다. 그것이 바로 우리의 맏딸아이의 모습입니다. 어떤 상황에서도 항상 즐겁게 마음을 먹으려고 하죠. 베티는 바로 그 신발과 같습니다. 복잡하지 않고, 믿을 만합니다. 당신이 그 끈 매는 신발에 대해 한 마디 해 준다면 베티가 얼마나 그 신발을 좋아하게 될까요?

베티가 부끄럼을 탄다는 것을 당신도 금방 아셨으리라 생각됩니다. 베티는 일단 친해지면 온갖 이야기로 수다를 떨지만, 그러기 위해선 당신이 먼저 시도를 해야만 합니다. 베티가 말수가 적은 것에 대해 지능이 떨어지는 아이라고 오해하진 마십시오. 베티는 당신이 내미는 어떤 아동 도서도 읽을 수 있습니다. 다른 아이들과 마찬가지로 베티 역시 학교에 들어가기 전에 책 읽는 법을 배웠지요. 우리 아이는 자연스럽게 그것을 익혔습니다. 밤에 잠들 때나 또는 낮잠 잘 때에도 제 엄마나 아빠가 늘 책을 읽어 주었기 때문입니다. 베티에게 있어서 책은 좋은 시간, 그리고 사랑하는 가족과 동의어입니다. 부디 책 읽기가 지겨운 일이라는 관념을 아이에게 심어 주진 마십시오. 책 읽기를 좋아하는 아이의 마음이 바뀌지 않기를 저희는 바랍니다. 지금까지 우리는 아이에게 꾸준히 책과 배움의 즐거움을 일깨워 왔습니다.

베티는 학교에 입학하기 전에 기본적인 것들을 배우기 위해 친구들과 함께 올여름 내내 유치원엘 다녔습니다. 당신에게 그것에 대해 말하고 싶군요. 아이들은 유치원에서 날마다 무엇인가를 썼습니다. 베티는 쓸 것을 생각해 내지 못하는 다른 아이들을 늘 격려했습니다. 베티는 그 아이들의 철자 쓰는 것을 도와주기도 했습니다.

하루는 베티가 당황한 표정으로 내게 왔습니다. 자기가 '빼기'라는 글짜를 잘 쓰지 못하기 때문에 학교에 들어가면 선생님이 자기한테 실망하지 않겠느냐는 것이었습니다. 이제 베티는 그 단어를 쓸 수 있습니다. 한번 시켜 보십시오. 베티와 함께 올여름 동안 유치원에 다닌 아이들은 베티로부터 긍정적인 사고방식을 배웠습니다. 베티는 그 아이들 모두에게 조용히 용기를 북돋아 주는 어린 교사였습니다. 저는 베티가 믿는 아름다운 세계가 당신의 교실에서 현실로 이뤄지기를 기대합니다.

학년초라서 교사로서 할 일이 무척 많으시리라고 생각합니다. 그래서 이만 편지를 줄이려고 합니다. 하지만 마지막으로, 베티가 학교에 입학하기 전날 밤에 있었던 일을 말씀드리고 싶군요. 우리는 베티를 위해 곰인형이 그려진 도시락을 구했습니다. 학교에 가지고 갈 물건들을 넣을 등에 메는 가방도 마련했지요. 우리는 베티의 그 특별한 옷과 신발도 준비해 놓고, 책을 읽어 준 다음에 불을 껐습니다. 나는 아이의 볼에 입을 맞춰 주고 나서 아이의 방을 나오는 중이었습니다. 그때 아이가 나를 부르더니 이런 얘길 했습니다. 신이 사람들에게 편지를 보내는데, 그 편지들을 마음속에 붙여 놓는다는 것이었습니다.

나는 그런 얘기를 처음 듣는다고 말하면서 베티에게 편지를 받았느냐고 물었습니다. 베티는 받았다고 대답했습니다. 베티는 그 편지엔 학교에 가는 첫날이 자신의 인생에서 최고의 날들 중의 하나가 될 것이라고 적혀 있다고 말했습니다.

'부디 그렇게 되기를!'

나는 자신도 모르게 그렇게 바라면서 눈물을 감췄습니다.

그날 밤 늦게 나는 베티가 내게 남긴 메모쪽지를 발견했습니다. 거기엔 이렇게 적혀 있었습니다.

"전 엄마와 아빠가 있어서 정말 행운이에요."

베티의 일학년 담임이 되신 선생님, 저는 당신도 베티를 학생으로 맞이하게 되어 행운이라고 생각합니다. 우리 모두는 당신에게 의지하고 있습니다. 그날 우리의 아이들과 우리의 꿈을 당신에게 맡기고 떠나온 우리들 모두는 당신에게 의지할 수밖에 없습니다. 우리의 아이들과 함께 걸으면서 부디 큰 자부심을 가져 주시기를 바랍니다. 교사가 된다는 것은 그만큼 중요한 책임을 지는 일이니까요.

딕 아브라함슨

믿음, 희망, 사랑

열다섯살에 나는 체셔 학원으로 보내졌다. 그곳은 코네티컷 주에 있는 기숙사 학교로 문제 아동들을 위한 교육 기관이었다. 내 문제는 알콜 중독자인 어머니에게 있었다. 어머니는 정신 장애가 있는 행동으로 집안을 풍비 박산나게 만들었다. 부모님이 이혼하신 뒤 나는 계속해서 엄마를 돌봐야만 했다. 그 결과 나는 중학교 2학년 때 전과목에서 낙제를 했다. 아버지와 학교 교장은 운동을 많이 시키고 규율이 엄격하기로 소문난 기숙사 학교로 나를 보내기로 결정했다. 그것은 알콜 중독자인 어머니로부터 적절히 나를 떼어 놓을 수 있는 좋은 방법이면서, 또한 내가 고등학교에 진학할 수 있는 기회를 갖게 될지도 모르기 때문이었다.

체셔 학원에서의 신입생 오리엔테이션 때 마지막으로 연설한 사람은 학생주임 프레드 올 리어리 선생님이셨다. 그는 체구가 굉장히 큰, 왕년의 예일 대학 미식축구 선수였다. 그는 턱이 크고 목이 거대했다. 마치 예일 대학의 마스코트인 불독처럼 생겼다. 그가 거대한 체구를 이끌고 마이크 앞으로 걸어가자 모두가 쥐 죽은 듯이 조용해졌다. 내 옆에 앉은 상급생 하나가 나를 보며 속삭였다.

"꼬마야, 절대로 저 사람과 마주치지 마라. 거리를 건너든지 담을 넘든지 해서라도 저 사람과 마주치는 걸 피해라. 어쨌든 네가 존재한다는 사실을 저 사람이 알지 못하게 하는 게 네 신상에 좋을 거다."

올 리어리 선생님은 그날 저녁 학생들에게 간단하게 요점만을 말했다.

"다시 힌빈 밀하겠나. 학교를 이탈하지 마라. 담배 피우지 마라. 술 마시지 마라. 학교 밖의 어떤 여학생과도 접촉하지 마라. 이 규칙을 깨는 사람은 지옥을 맛볼 것이고, 덧붙여 내가 엉덩이를 차 주겠다!"

이제 말이 끝났는가 했더니 그는 더 큰소리로 말했다.

"만일 너희들이 어떤 문제가 있다면 날 찾아와라. 내 방 문은 언제든지 열려 있다."

그 말이 내 마음에 아주 깊이 새겨졌다.

내가 학창 생활을 계속해 나가는 동안 어머니는 알콜 중독이 더욱 심해지셨다. 어머니는 낮이고 밤이고 아무 때나 기숙사로 전화를 걸었다. 혀 꼬부라진 소리로 어머니는 나더러 학교를 뛰쳐나와 어서 집으로 돌아오라고 애원했다. 엄마는 술을 끊겠다고 약속했으며, 나와 함께 플로리다로 여행을 떠나자고 말했다. 난 어머니를 누구보다도 사랑했다. 엄마에게 안 된다고 말하기는 정말 어려웠다. 엄마가 전화를 걸 때마다 나는 슬퍼서 견딜 수가 없었다. 나는 죄책감을 느꼈다. 그리고 부끄러웠다. 나는 너무나도 심한 혼란에 빠졌다.

아직 신입생일 때, 하루는 영어 수업을 받으며 나는 전날 밤에 걸려온 엄마의 전화에 대해 생각하고 있었다. 나는 치밀어오르는 감정을 억제할 수 없었다. 나도 모르게 눈물이 두 볼을 타고 흘러내렸다. 그래서 나는 영어 선생님께 잠깐 나갔다 와도 되겠느냐고 허락을 구했다.

선생님이 물었다.

"왜 나가겠다는 거냐?"

"올 리어리 선생님께 갔다 오려구요."

내 대답에 반 전체가 얼어붙었다. 다들 놀란 눈으로 나를 쳐다보았다.

선생님이 말했다.

"피터, 무슨 잘못을 저지른 거니? 내가 도와 줄 수 없을까?"

나는 말했다.

"아녜요. 전 지금 당장 올 리어리 선생님께 가야만 해요."

교실 문을 나서면서 내 머릿속에 떠오른 것은 신입생 오리엔테이션 때 들은 이 말뿐이었다.

'내 방 문은 언제든지 열려 있다.'

올 리어리 선생님의 사무실은 본관 건물의 넓은 로비 옆에 있었다. 그의 사무실 문에는 네모난 유리창이 붙어 있어서 밖에서 안을 들여다볼 수 있었다. 누군가 심각한 문제를 일으켰을 때면 올 리어리 선생님은 그 문제 학생을 사무실 안으로 끌고들어가 문을 꽝 닫고 그 유리창 가리개를 내렸다. 종종 그의 성난 목소리가 밖에까지 들렸다.

"어젯밤에 네가 소방소 뒤에서 담배 피우는 걸 본 사람이 있어. 다른 녀석들하고 또 다방에서 일하는 아가씨하고 어울려서 말야."

언제나 그의 사무실 밖에는 학생들이 줄을 서서 대기하고 있었다. 온갖 종류의 문제를 일으킨 학생들이 그곳에 앉아 꼬리를 다리 사이에 감추고 자기 차례가 올 때까지 기다리고 있었다. 내가 줄 맨 끝에 가서 앉자 다른 학생들이 내게 무슨 잘못을 저질렀느냐고 물었다.

나는 말했다.

"난 아무 잘못도 저지른 게 없어."

"너 미쳤니? 그럼 지금 당장 여기서 나가!"

학생들은 그렇게 속삭이듯 소리쳤다. 하지만 난 어디로 가야 할지 다른 곳을 생각할 수가 없었다.

이윽고 내 차례가 되었다. 올 리어리 선생님의 사무실 문이 열렸다. 나는 입구에 서서 학생 주임의 그 거대한 턱을 똑바로 쳐다보았다. 어리석게도 나는 몸이 떨리기 시작했다. 내가 왜 이 공포스런 남자 앞에까지 제발로 걸어왔는지 스스로도 이해가 가지 않았다. 나는 시선을 들었다. 우리의 눈이 마주쳤다.

그가 으르렁거리듯이 물었다.

"넌 뭣 땜에 여기 왔지?"

내가 말을 더듬으며 말했다.

"신입생 오리엔테이션 때 선생님께선 누구든지 문제가 있을 때면 언제든지 찾아오라고 하셨어요. 문이 항상 열려 있다구요."

"그럼 냉큼 들어와 앉지 않고 뭘 꾸물거리고 있지?"

올 리어리 선생님은 초록색의 커다란 팔걸이 의자를 가리키고는 출입문의 유리창을 가렸다. 그런 다음 그는 자신의 책상 앞에 가서 앉았다. 그리고는 나를 쳐다보았다.

나는 마지막 용기를 내어 고개를 들고 입을 열었다. 눈물이 얼굴에서 주르륵 흘러내렸다.

"저의 어머닌 알콜 중독자이세요. 술에 취하면 저한테 전화를 걸어요. 엄마는 제가 학교를 그만 두고 집으로 돌아오기를 바라세요. 전 어떻게 해야 할지 모르겠어요. 겁이 나고 두려워요. 제발 제가 미쳤다거나 바보라고는 생각지 말아 주세요."

나는 무릎에 고개를 파묻고 도저히 어떻게 할 수 없을 정도로 흐느껴 울기 시작했다. 자신의 감정에 파묻혀 있느라고 나는 이 덩치 큰 전직 운동선수가 조용히 일어나 책상을 빙 둘러와서는 초록색 의자에 앉아 흐느끼는 작은 사춘기 소년 옆에 선 것조차 알지 못했다. 나는 어둡고 추운 장소에서 길을 잃은 가련한 신의 아들이었다.

그런 다음 그 일이 일어났다. 신이 사람들을 통해 일으키는 그런 기적들 중의 하나가 일어난 것이다. 올 리어리 선생님의 커다란 손이 부드럽게 내 어깨에 얹혔다. 그리고 그의 엄지 손가락이 내 목에 닿았다.

부드럽게 속삭이듯이, 나는 이 공포의 거인이 말하는 소리를 들었다.

"네 기분이 어떤지 나도 이해한다. 나도 사실은 알콜 중독자이다. 너와 네 엄마를 도울 수 있는 일이면 내가 무엇이든지 하마.

알콜 중독자 치료 모임에 있는 내 친구들에게 연락해서 오늘 당장 너의 엄마와 연락을 취하도록 하겠다."

그 순간 나는 갑자기 세상이 환해지는 걸 느꼈다. 나는 모든 일들이 더 잘 되어 가리라는 걸 알았다. 이제 더 이상 두렵지 않았다. 그의 손이 내 어깨 위에 놓여 있는 동안 나는 하나님과, 그리스도와, 모세의 손길을 느꼈다. 믿음, 희망, 사랑이 처음으로 내 앞에 실체가 되어 다가왔다. 나는 그것들을 볼 수 있었고, 그것들을 맛볼 수 있었다. 나는 주위에 있는 모든 사람들에 대한 믿음과 희망과 사랑으로 가득찼다. 학교에서 가장 공포스런 사람이 나의 비밀스런 친구가 된 것이다.

그 후 일주일에 한 번씩 나는 올 리어리 선생님을 만났다. 점심시간에 내가 그분의 사무실 앞을 지나갈 때면 나는 슬쩍 그분을 쳐다보며 다정하게 윙크를 던지곤 했다. 내 가슴은 자랑스러움으로 하늘을 날 듯했다. 모든 학생의 공포의 대상인 학생 주임이 내게 그토록 부드럽고 애정 어린 관심을 가져 준 것이다. 그의 전격적인 조치와 도움에 힘 입어 엄마는 차츰 알콜 중독의 수렁에서 벗어날 수 있었다.

나는 필요한 순간에 손을 내밀었다…. 그리고 그가 내 손을 잡아 주었다.

피터 스펠크
다운 스펠크와 샘 다우슨 제공

---

*프레드 올 리어리는 가명을 사용했음을 여기에 밝힌다. 실제 인물의 사생활을 보호하기 위해 이름을 바꾸었음을 양해 바란다.

신 발

다른 사람의 삶에서 고통을 덜어 주려고 노력하지 않는다면 우리는 과연 무엇 때문에 살고 있단 말인가?

조지 엘리어트

1930년대에는 모든 광산지대와 공장지대의 마을들이 정말로 살기가 어려웠다. 서부 펜실베니아에 있는 내 고향 마을도 수천 명의 남자들이 일자리를 찾아 거리를 배회할 정도였다. 우리 형들도 그들 중의 하나였다. 가족이 굶고 있을 만큼은 아니었지만 우린 별로 먹을 게 많지 않았다.

나는 대가족의 막내아들로 태어났기 때문에 내가 입는 모든 옷들은 위에서부터 대물림한 것들이었다. 팬티는 너무 길어서 무릎에서 펄럭였고, 짧은 바지들은 다른 천을 덧대 이어붙여서 입어야 했다. 셔츠들도 수선한 것이 전부였다. 하지만 신발은, 신발의 경우는 이야기가 달랐다. 신발은 다들 완전히 누더기가 될 때까지 신고 다녔다. 문자 그대로 너덜너덜해져서 발가락이 가죽을 뚫고 옆으로 삐져나올 때라야 비로소 폐기처분되었다.

그 옥스퍼드 신발을 신기 전에 내가 신고 다닌 신발은 너무 낡아서 옆이 벌어지고 밑창 앞부분이 분리되었다. 그래서 걸을 때마다 밑창이 펄럭이며 박수 치는 것 같은 소리를 냈다. 나는 낡은 자전거 튜브를 두 조각 잘라다가 한쪽 끝은 밑창에 붙이고 다른쪽 끝은 발가락 사이에 끼워서 걸을 때 소리가 안 나도록 만들었다.

그런데 나한테는 누나가 한 명 있었다. 누나와 매형은 결혼한 직후에 서부로 가서 콜로라도 주에 정착했다. 살림이 조금씩 펴지자 누나는 자신들이 입던 옷을 우리에게 보냄으로써 조금이라도 친정에 보탬이 되고자 했다.

추수감사절 바로 전날, 우리는 누나로부터 그런 물건이 담긴 소포 상자 하나를 받았다. 우리 모두는 상자 주위에 모였다. 상자 구석에 그 신발이 있었다. 나는 당시는 그것이 어떤 신발인지 알지 못했다. 엄마도 몰랐고, 아버지나 다른 형제들도 몰랐다. 우리는 다만 그것이 누나가 신었던 신발인가보다고 생각할 따름이었다.

엄마는 낡은 신발 옆으로 삐져나온 내 발가락들을 내려다보더니 상자 안으로 몸을 숙여 그 신발을 꺼내 내게 주었다. 나는 손을 뒤로 감추고서 빙 둘러선 가족들의 얼굴을 쳐다보았다. 나도 모르게 눈물이 솟았다. 다른 때와 달리 형들이 나를 놀리지도 않고 또 울보라고 부르지도 않는 게 이상했다.

30년이 지났지만 지금 생각해도 그것은 고통스런 순간이었다. 엄마는 나를 옆에 앉히더니 미안하다고 하시고서, 하지만 내가 신을 만한 마땅한 신발이 없고 또 겨울이 다가오고 있기도 하니 그 신발을 신어야만 한다고 말씀하셨다. 아빠는 내 등을 두들겨 줄 뿐 아무 말씀도 없으셨다. 내가 가장 좋아하는 형 마이크는 내 머리를 쑤석거리면서 모든 게 다 잘 될 거라면서 안심을 시켰다.

마침내 모두 물러가고 나 혼자 남게 되었을 때 나는 누나의 신발을 신었다. 그것은 색깔도 노란색에다, 발가락 있는 앞부분이 뽀족했으며, 하이힐처럼 높은 굽이 달려 있었다. 누가 봐도 여자들이 신는 예쁘장한 구두였다. 나는 그 자리에 주저앉아서 눈물 사이로 그 구두를 바라보면서 조용히 흐느껴 울었다.

이튿날 아침 학교에 갈 시간이 다가왔을 때 나는 최대한으로 꾸물거렸다. 그 신발을 맨 나중에 신기 위해서였다. 다시 눈물이 쏟아지려고 했지만 끝까지 울음을 참았다. 마침내 나는 학교에 등교해야만 했다. 나는 뒷길로 해서 갔으며, 학교 운동장에 들어갈 때까지 누구도 앞지르지 않으려고 조심했다. 학교 운동장에 도착했을 때 그곳에 나와 마찬가지로 밀러 여선생님의 반에 소속된, 나보다 나이가 많고 키가 큰 나의 유일한 적 티미 오툴이 서 있었다.

티미 오툴은 내가 신은 누나의 신발을 한 번 쳐다보더니 내 팔을 붙잡고 소리를 지르기 시작했다.

"에반이 여자 신발을 신었대요! 여러분, 에반이 여자 신발을 신었어요!"

아, 내가 그 녀석을 늘씬하게 두들겨 팰 수만 있었어도! 하지만 그는 나보다 훨씬 덩치가 크고 힘이 셌다. 두들겨 패는 건 둘

째치고 그의 손아귀에서 빠져나올 수도 없었다. 그는 아이들이 빙 둘러쌀 때까지 나를 놓아 주지 않았다. 내가 무엇을 어떻게 했는지는 모르지만, 그때 갑자기 올맨 웨버 교장이 그곳에 나타나셨다.

교장 선생님은 말씀하셨다.

"어서들 교실로 들어가라. 수업 시작종이 울릴 시간이다."

나는 티미 오툴이 더 이상 나를 괴롭히기 전에 쏜살같이 학교 건물 안으로 달려가 교실로 들어갔다.

조용히 자리에 앉은 나는 눈을 내리깔고서 다리를 엉덩이 밑에 감추려고 애를 썼다. 하지만 그것도 허사였다. 그 원수 같은 티미 오툴이 포기하지 않고 자꾸만 내 신발을 들먹거렸다. 그는 매번 내 책상으로 다가와 춤을 추면서 내가 신은 누나의 신발을 놀려댔다. 그리고 한 술 더 떠서 나를 에드나라는 여자 이름으로 불렀다.

오전 수업이 절반쯤 흘렀을 때 우리는 서부 개척자들에 대해 배우고 있었다. 밀러 여선생님은 우리에게 캔자스, 콜로라도, 텍사스 주와 그밖의 여러 지역에서 활약한 선구자들에 대해 많은 역사적인 이야기를 들려 주었다. 이때 올맨 웨버 교장 선생님이 우리 교실로 들어오시더니 조용히 문가에 서서 수업을 지켜보셨다.

그 아침 전까지만 해도 나는 다른 아이들과 마찬가지였다. 다시 말해 올맨 웨버 교장을 별로 좋아하지 않았다. 그는 정말 야비한 사람이었다. 그는 성질이 나빴다. 또 그는 여자아이들만 좋아했다.

그는 우리 교실에 들어와 문가에 가만히 서 있었다. 그런데 밀러 선생님을 제외하고는 우리는 올맨 웨버 교장이 한때 오클라호마(미국 중남부에 있는 주) 목장에서 살았었다는 사실을 전혀 모르고 있었다. 밀러 선생님은 교장을 향해 돌아서면서 우리의 수업에 함께 참여해 주시지 않겠느냐고 정중하게 요청했다.

뜻밖에도 그는 그렇게 하겠다고 수락했다. 그런데 일반적인 교과 내용을 이야기하지 않고 올맨 웨버 교장은 카우보이들의 생활과 인디언들에 대한 이야기들을 우리에게 들려 주기 시작했다. 심지어 카우보이들이 부르는 노래를 두어 곡씩 부르기까지 했다. 그런 식으로 교장 선생님은 40분 동안 수업을 이끌어갔다.

정오가 다가오고 우리가 집으로 점심을 먹으러 갈 시간이 되었는데도 올맨 웨버 교장은 아직도 이야기를 계속하면서 내가 앉아 있는 복도 쪽으로 걸어오기 시작했다. 갑자기 그는 내 책상 근처에서 걸음을 멈추더니 말을 중단했다. 나는 그의 얼굴을 쳐다보고서 그가 내 책상 밑을 바라보고 있다는 사실을 알았다. 그는 내가 신은 누나의 신발을 뚫어져라 응시하고 있었던 것이다. 나는 얼굴이 빨개지면서 얼른 발을 엉덩이 밑으로 감추었다. 하지만 내가 그것들을 미처 감추기도 전에 그가 속삭이듯 탄성을 내질렀다.

"카우보이 옥스퍼드 신발이다!"

내가 물었다.

"지금 뭐라고 하셨죠?"

그러자 그가 다시 말했다.

"진짜 카우보이 옥스퍼드 신발이야!"

다른 아이들이 잔뜩 고개를 빼고서 교장이 대체 무엇을 바라보고 있는지, 그리고 그가 무슨 말을 하고 있는지 알아들으려고 하는 사이에 올맨 웨버 교장은 또다시 기쁨에 넘친 소리로 탄성을 지르며 외쳤다.

"에반, 도대체 어디서 그 진짜 카우보이 옥스퍼드 신발을 구했지?"

순식간에 교실 안의 모든 사람들이 교장 선생님과 내 곁으로 모여들었다. 밀러 선생님까지도 궁금한 표정으로 우리들 곁으로 다가오셨다. 그리고 모두가 합창하듯이 말하기 시작했다.

"에반이 진짜 카우보이 옥스퍼드 신발을 신었대!"

순식간에 그것은 내 생애에서 가장 행복한 순간으로 돌변했다.

어쨌든 시간이 별로 많이 남지 않았기 때문에 올맨 웨버 교장은 밀러 선생님에게 나만 허락한다면 남학생과 여학생들 모두에게 내가 신은 카우보이 옥스퍼드 신발을 자세히 구경할 기회를 주는 것이 좋겠다고 말했다. 그래서 티미 오툴을 포함해 모든 학생이 일렬로 서서 내 책상 옆을 지나가면서 내가 신은 멋진 신발을 자세히 구경했다. 나는 어깨가 으쓱해졌지만, 엄마가 항상 자랑은 금물이라고 가르치셨기 때문에 너무 잘난 체하지 않으려고 애쓰면서 자리에 앉아 있었다.

마침내 점심시간이 되었다. 나는 교실 밖으로 나가기도 힘들었다. 모두가 내 곁에서 걷고 싶어했기 때문이다. 그리고 모두가 내 신발을 꼭 한 번만 신게 해달라고 졸랐다. 내 진짜 카우보이 옥스퍼드 신발을 말이다. 난 생각해 봐야겠다고 대답했다.

그날 오후 수업 시간에 나는 올맨 웨버 교장에게 학생들 모두에게 내 카우보이 옥스퍼드 신발을 한 번씩 신게 해 보면 어떻겠느냐고 물었다. 교장은 그것에 대해 생각에 생각을 거듭하는 표정이었다. 마침내 그는 남학생들에게는 그것을 신게 해보는 것이 아무 문제가 아니지만 분명히 여학생들에게는 신게 하지 말아야 할 것이라고 말했다. 어쨌든 여학생들이 카우보이 옥스퍼드 신발을 신는다는 건 말도 되지 않는다. 나도 그렇게 생각했는데 올맨 웨버 교장도 그렇게 생각했다는 것이 무척 재미있었다.

그래서 나는 우리반의 모든 남학생들에게 내 신발을 한 번씩 신어 보게 했다. 티미 오툴에게도 신어 보도록 허락했다. 하지만 나는 그 애를 맨 나중에 신어 보게 했다. 그리고 그는 그 신발이 맞지 않는 유일한 학생이었다. 티미 오툴은 우리 누나에게 편지를 보내 또 한 켤레를 보내 달라고 부탁하면 안 되느냐고 졸랐다. 하지만 나는 절대 누나에게 그런 편지를 보내지 않았다. 나는 그 마을에서 카우보이 옥스퍼드 신발을 신은 유일한 사람이었고, 난 정말로 그게 자랑스러웠으니까.

폴 *E.* 모하이니

뼈대가리

　살아 있는 날까지 나는 알빈 C. 하스를 처음 만난 순간을 결코 잊지 못할 것이다.

　그때가 1991년의 일이었다. 교도소의 다른 재소자는 그를 내게 소개할 때 알빈 하스라는 이름을 사용하지 않았다. 그는 알빈을 '뼈대가리'라고 소개했다. 그 별명은 내 귀에 무척 거북스럽게 들렸다. 키가 크고 목소리가 나즈막한 그 죄수는 나와 악수를 하면서 날 쳐다보지도 않았다.

　뼈대가리란 대머리를 뜻하는 것이다. 그는 별명 그대로 대머리였으며, 양 옆으로 난 머리카락이 길게 어깨까지 내려와 있었다. 나는 그를 바라보면서 자신도 모르게 시선을 다른 곳으로 돌리려고 애를 쓰는 내 자신을 발견했다. 그것도 그럴 것이, 머리카락이 없는 대머리 중앙에 매우 크고 위협적인 문신이 새겨져 있었다. 그렇다. 그는 머리에 문신을 새긴 것이다. 할리 데이비슨 오토바이의 상징인 날개 문신이 머리 윗부분을 완전히 다 차지하고 있었다.

감옥에 수감된 재소자들을 가르치는 교사로서 나는 아무리 힘들다 해도 냉정을 유지하는 편이다. 그 첫째날 수업에서도 난 그렇게 하려고 애써 노력했다.

수업이 끝났을 때 뼈대가리는 교실을 나가면서 내게 슬쩍 쪽지 한 장을 건넸다.

난 생각했다.

'만일 내가 자기에게 좋은 성적을 주지 않으면 다른 폭주족 친구들을 시켜서 따끔한 맛을 보여 주겠다는 협박이겠지.'

잠시 후 나는 그 쪽지를 펴서 읽었다. 거기엔 이렇게 적혀 있었다.

"선상!(그는 나를 언제나 '선상!'이라고 불렀다.) 아침밥은 서르지 마시오. 아침밥을 거르면 건강이 나빠진단 말이오. ― 야성적인 사나이 뼈대가리로부터."

그 후 여러 달에 걸쳐 뼈대가리는 나와 함께 여섯 개의 교육 과정 모두를 이수했다. 그는 거의 말이 없는 충실한 학생이었다. 또한 그는 거의 날마다 내게 쪽지 한 장씩을 내밀었다. 거기에는 새겨야 할 금언이나 토막 상식, 인용구, 그리고 인생에 요긴한 여러 지혜로운 충고들이 적혀 있었다.

나는 차츰 그의 쪽지를 기다리게 되었고, 어쩌다 그가 쪽지를 건네지 않는 날이면 실망하곤 했다. 지금까지도 난 그것들을 소중히 간직하고 있다.

뼈대가리와 나는 서로 뜻이 맞았다. 어쨌든 내가 뭔가를 가르칠 때마다 그는 내 말을 이해했다. 그는 과묵하게 앉아서 내가 말하는 모든 것을 흡수했다. 우리는 서로 통한 것이다.

교육 과정이 끝난 뒤 각각의 학생들은 수료증을 받았다. 뼈대가리도 뛰어난 성적으로 과목을 이수했으며, 나는 그에게 수료증을 준다는 것이 무척 흥분되었다.

단 둘이 남았을 때 나는 수료증을 건넸다. 그와 악수를 하면서 내가 말했다.

"그동안 내 수업에 참석해 줘서 고맙소. 당신은 내게 큰 기쁨이 되어 주었소. 열심히 배워 주고, 빠짐없이 참석해 주고, 뛰어난 수업 태도를 보여 줘서 정말 감사하오."

그러자 특유의 나즈막한 목소리로 뼈대가리는 말했다.

"고맙소, 래리 씨. 낭신은 내 생애에서 나한테 잘했다고 말해 준 첫번째 선생이었소."

그의 말이 내 마음속에 울려퍼졌다. 그와 헤어져 교도소를 나오면서 나는 감정을 억누를 길이 없었다. 뼈대가리가 성장하던 시절에 아무도 그에게 잘했다는 말을 한 적이 없었다고 생각하니 나도 모르게 눈물이 났다.

나 역시 열린 학교가 아닌 '닫힌 학교'에서 배운 사람이다. 보수적인 수업 환경에서 성장했으며, 죄를 지은 사람은 반드시 잘못에 대한 대가를 치뤄야 하며 책임을 져야 한다는 믿음을 갖고 있다. 하지만 나는 거듭 내 자신에게 묻곤 한다.

"만일 뼈대가리가 자라면서 한 번도 '잘 했다'거나 '훌륭했어'라는 말을 듣지 못한 것이 결국 그를 감옥에서 인생을 마치게 만든 원인이라면 어떻게 할 것인가?"

뼈대가리와의 만남은 내게 깊은 인상을 새겨 놓았다. 인간은 누구나 각자 '잘 하는' 부분을 갖고 있다. 그 사실을 인정하고 용기를 북돋아 주지 않으면 안 된다. 뼈대가리가 내게 가르쳐 준 것이 그것이다. 내게도 잘 했다고 말해 준 것에 대해 나는 그에게 감사드린다.

래리 텔헤스트

마음에 새겨진 발자국

어떤 사람들은 우리의 인생에 왔다가 금방 가 버린다. 반면에 어떤 사람들은 잠시 동안 머물면서 우리의 가슴에 발자국을 새겨 놓는다. 그러면 우리는 결코 전과 같지 않은 사람이 된다.

작자 미상

몹시 추운 1월의 어느 아침, 새로운 학생이 내 가슴에 발자국을 찍으며 내가 맡은 5학년 교실로 걸어들어왔다. 처음 보았을 때 보비는 추운 날씨에도 불구하고 너무나 작은 수영복 모양의 윗도리와 실밥이 터진 청바지를 입고 있었다. 신발 한 짝은 끈이 달아나고 없어서 걸을 때마다 날개처럼 펄럭거렸다. 설령 버젓한 옷을 입고 있었다 해도 보비는 정상적인 아이처럼 보이지 않았을 것이다. 그 아이는 내가 지금까지 한 번도 본 적이 없고 앞으로도 다시는 보고 싶지 않은 그런 무관심하고 멍청한 얼굴을 하고 있었다.

보비는 표정만 이상한 것이 아니라 행동 또한 기이하기 짝이 없었다. 그래서 나는 그 아이를 사회 적응 능력을 배우는 특수반으로 보내야 한다고 믿었다. 보비는 복도에 있는 둥근 세면대를 소변 보는 곳으로 착각했으며, 정상적인 대화를 할 때도 늘 고함치듯이 했다. 말하자면 도널드 덕 목소리(테이프를 빨리 돌릴 때의 소리처럼 외치는 것 같고 일그러진 것 같은 소리)의 소유자였다. 그리고 보비는 누구와도 시선을 마주치지 않았다. 그러면서도 수업중에는 뭔가 끊임없이 말참견을 했다. 한번은 체육 교사가 고약한 냄새가 난다면서 자신의 몸에 탈취제를 뿌려 주었다고 학생들 앞에서 자랑스럽게 말하기도 했다.

보비는 사회 적응 능력이 형편없을 뿐 아니라 학업 적응 능력도 진무했다. 열두살인데도 아직 읽기와 쓰기를 할 줄 몰랐다. 심지어 알파벳조차도 쓸 줄 몰랐다. 내가 맡은 반에도 성적이 뒤처진 아이들이 여러 명 있었지만 그 중에서도 보비가 가장 형편없었다.

나는 보비가 실수로 우리반에 들어온 것이라고 확신했다. 하지만 생활기록부를 살펴보고 나는 충격을 받았다. 그의 아이큐가 지극히 정상이었던 것이다. 그렇다면 그의 기이한 행동은 무엇으로 설명해야 한단 말인가? 나는 학교 상담교사와 대화를 나눴다. 상담교사는 자기가 보비의 모친을 만난 적이 있다고 했다. 그는 말했다.

"보비의 어머니에 비하면 보비가 훨씬 더 정상에 가깝더군요."

나는 기록을 더 뒤진 끝에, 보비가 태어나서 처음 3년 동안 보육원에 맡겨졌었다는 사실을 확인했다. 그 후에 보비는 엄마에게로 돌아왔으며, 그로부터 한 해에 한 번씩 다른 도시로 이사를 다녔다. 그랬었던 것이다. 나는 고개가 끄덕여졌다. 보비의 지능은 정상이었으며, 그래서 기이한 행동에도 불구하고 우리반으로 오게 된 것이다.

나는 인정하기 싫었지만 그 아이가 우리반에 들어온 것이 무척 원망스러웠다. 우리반은 학생으로 만원이었고, 학습 부진 아동이 이미 예닐곱 명이나 있었다. 나는 그때까지 그토록 학습 능력이 낮은 학생을 가르쳐 본 적이 없었다. 그 아이를 위해 교육 계획을 세우는 것조차 힘든 일이었다.

보비가 우리반으로 진학을 온 처음 몇 주일 동안 나는 아침에 눈을 뜨면 속이 답답하고 학교에 출근하는 것이 싫어졌다. 학교까지 차를 운전하고 가면서 그 아이가 학교에 오지 않기를 희망한 적도 여러 번이었다. 나는 훌륭한 교사라고 내심 자부해 왔다. 따라서 보비를 싫어하고 그가 우리반에 있는 것을 원치 않는 나 자신에 대해 혐오감이 일어났다.

보비가 나를 미치게 만들긴 했지만, 그럼에도 불구하고 나는 그를 다른 학생들과 똑같이 취급하려고 애를 썼다. 나는 누구도 내 교실에서 그를 놀리는 것을 용납하지 않았다. 하지만 교실 바깥에서는 학생들이 그에게 야비하게 굴고 그를 놀림감으로 삼기 일쑤였다. 아이들은 마치 병들거나 상처를 입은 동료를 공격하는 야생동물들과 같았다.

우리 학교로 전학온 지 한 달쯤 지난 어느날, 보비는 옷이 찢어지고 코피를 흘리면서 교실로 들어왔다. 아이들이 떼를 지어 그를 짓누른 것이다. 보비는 책상에 앉아서 아무 일도 없었던 것처럼 가장했다. 그 아이는 책을 펼쳐 들고서 피와 눈물이 범벅이 된 채로 글을 읽으려고 노력했다.

몹시 화가 난 나는 보비를 양호 교사에게 보내고 그를 괴롭힌 학생들을 심하게 꾸짖었다. 나는 아이들에게 그가 다르다는 이유 때문에 그를 좋아하지 않는 것을 부끄럽게 여겨야 한다고 말했다. 또 그가 이상하게 행동하기 때문에 오히려 그에게 더욱 더 친절을 베풀어야 한다고 훈계했다.

이렇게 아이들을 꾸짖으면서 나 역시 내가 하는 말을 듣게 되었다. 그리고 나 역시 보비에 대한 내 자신의 생각을 바꿔야만 한다고 결심했다.

그 사건은 보비를 바라보는 내 시각을 크게 변화시켰다. 마침내 나는 기이한 행동 너머에 있는 그 아이의 참모습을 보았으며, 보살펴 줄 누군가가 절실히 필요한 한 어린아이를 보게 되었다. 나는 교사에게 진정으로 요구되는 것은 학생들에게 학문을 가르치는 것만이 아니고 학생들이 필요로 하는 것을 채워 주는 것임을 깨달았다. 보비는 내가 특별히 보살펴 주지 않으면 안 되는 그런 학생이었다.

나는 구세군회관에 가서 보비가 입을 옷들을 사기 시작했다. 보비가 옷을 세 벌밖에 갖고 있지 않았기 때문에 학생들이 그를 더욱 놀려댄다는 사실을 난 알았다. 나는 보비를 위해 상태가 좋고 모양이 좋은 옷들을 골랐다. 보비는 그 옷들을 받아들고 전율하다시피 좋아했으며, 자기 자신에 대한 스스로의 평가도 놀라울 정도로 개선되었다.

나는 보비가 아이들에게 얻어맞을 위험성이 있을 때마다 그를 내 곁에 데리고 다녔다. 그리고 학교 수업이 시작되기 전에 따로 시간을 내어 보비가 숙제하는 것을 도왔다.

새 옷과 별도의 관심이 보비를 얼마나 변화시켰는가를 알면 누구나 놀랄 것이다. 보비는 자신을 에워싸고 있던 껍질을 깨고 나왔으며, 나는 그가 정말로 괜찮은 아이임을 발견했다. 그의 행동은 말할 수 없이 개선되었고, 짧게나마 나와 시선을 마주치기까지 시작했다.

나는 더 이상 학교에 출근하는 것이 두렵지 않았다. 오히려 아침에 복도를 걸어가 보비를 만나러 가는 것이 기대되기까지 했다. 보비가 결석을 할 때면 나는 걱정이 되었다. 보비에 대한 나의 태도가 변화함에 따라 다른 학생들의 태도도 달라지는 것을 느낄 수 있었다. 아이들은 보비를 괴롭히는 것을 중지했으며, 그를 그룹의 일원으로 끼워 주었다.

어느날 보비는 이틀 뒤에 이사를 간다는 전갈을 갖고 학교에 왔다. 나는 가슴이 철렁 내려앉았다. 아직 내가 사 주려던 옷들을 다 사 주지도 못한 상태였다. 그날 나는 쉬는 시간을 이용해 옷가게로 가서 보비가 입을 옷 한 벌을 샀다. 나는 그 옷을 보비에게 주면서 그것이 작별 선물이라고 말했다. 옷에 붙은 가격표를 보더니 보비는 말했다.

"전 지금까지 새 상표가 붙은 옷을 한 번도 입어 본 적이 없어요."

학생들도 보비가 전학을 간다는 사실을 알았다. 방과후에 아이들은 나를 찾아와 다음날 보비를 위해 작별 파티를 열어도 되겠느냐고 물었다. 나는 물론 허락을 했다. 하지만 나는 속으로 생각했다.

'숙제하기도 벅찰 텐데 내일 아침까지 파티를 준비할 수 있을까?'

놀랍게도 아이들은 그렇게 했다. 이튿날 아침 아이들은 케이크와 장식 리본, 풍선, 그리고 보비에게 줄 선물들을 잔뜩 갖고 왔다. 그에게 괴롭힘을 주던 아이들이 이제는 그의 친구가 된 것이다.

학교에 마지막으로 등교하던 날, 보비는 커다란 배낭을 매고 교실로 들어왔다. 배낭 안에는 아동 도서들이 가득 들어 있었다. 파티를 즐겁게 마친 뒤, 교실 정리가 다 끝나고 나서 나는 보비에게 그 많은 책들을 갖고 뭘 할 거냐고 물었다.

보비가 대답했다.

"이 책들은 선생님께 드리는 거예요. 저는 책이 많기 때문에 선생님께 몇 권 드려도 괜찮을 거라는 생각이 들었어요."

보비의 집에 책은 고사하고 군것질할 것도 하나 없다는 걸 난 알고 있었다. 옷이 세 벌밖에 없는 아이가 어떻게 그 많은 책들을 갖고 있을 수 있단 말인가?

책을 살펴보다가 나는 그 책들 대부분이 보비가 살았던 여러 다양한 지역의 도서관들에서 가져온 책임을 발견했다. 어떤 책들은 '교사용'이라는 도장까지 찍혀 있었다. 그 책들이 정말로 보비의 것이 아니라 어떤 의심스런 방법으로 보비가 그것들을 손에 넣은 것임을 알 수 있었다.

하지만 보비는 자신이 가진 모든 것을 내게 주고 있었다. 누구도 전에 보비처럼 그런 아름다운 선물을 내게 한 적이 없었다.

내가 자기에게 준 옷들만 제외하고 보비는 자기가 소유한 모든 것을 내게 주고 떠났다.

　보비는 그날 떠나면서 나한테 편지를 보내도 되느냐고 물었다. 내 주소를 받아들고 보비는 교실을 걸어나갔다. 내게 준 책들과 내 가슴에 영원히 새겨진 발자국들을 남긴 채로.

로라 D. 놀턴

노인과 소년

키 작은 소년이 말했다.

"전 이따금 숟가락을 떨어뜨려요."

키 작은 노인이 말했다.

"나도 그렇단다."

소년이 속삭이듯 말했다.

"전 이따금 바지에 오줌을 싸요."

노인이 웃으며 말했다.

"그것도 나랑 똑같구나."

소년이 말했다.

"전 자주 울어요."

노인이 고개를 끄덕이며 말했다.

"나도 종종 운단다."

소년이 말했다.

"하지만 가장 나쁜 건 어른들이 나한테 별로 관심을 갖지 않는다는 거예요."

그러자 그 키 작은 노인은 주름진 손으로 소년의 손을 잡으며 말했다.

"나도 네가 무슨 말을 하는지 안다."

셸 실버스타인
루스 윌 제공

만일 내가 그걸 알았더라면

당신이 잃은 모든 것에 대해 당신은 그만큼 어떤 다른 것을 얻은 것이다.

랄프 왈도 에머슨

레바 맥켄타이어가 〈내가 만일 그걸 알았더라면〉이라는 노래를 불러 히트시켰을 때 사람들은 그 노래가 어떻게 해서 만들어졌는지 궁금해 했다. 그 노래는 만일 내가 다른 모든 친구들과 똑같은 날에 운전면허증을 발급받았더라면 결코 탄생하지 않았을 것이다.

내가 성장한 뉴멕시코 주의 클로비스에서는 열여섯살이 되면 운전면허증을 딸 수 있다. 단 운전자 교육 과정을 성공적으로 이수하면 될 뿐이다. 중학교 3학년이 되자 우리반의 거의 모든 아이들이 열여섯살이 되었다. 중학생 시절의 마지막 날, 운전자 교육 과정을 무사히 통과한 아이들은 모두 자신의 운전면허증을 손에 쥘 수 있었다. 그날의 흥분과 기대는 우리에게는 거의 참을 수 없을 정도였다. 그리고 우리의 선생님들에게는 거의 참을 수 없을 정도가 아니라 완전히 참을 수 없을 정도였다.

나는 비록 고등학교 1학년이 되어야 열여섯살이 되긴 했지만 친구들이 차를 운전하게 되었다는 사실만으로도 온 몸에 전율을 느꼈다. 이제 다시는 우리가 엄마들 뒤를 병아리떼처럼 졸졸 끌려다니지 않아도 되리라. 마침내 우리는 진정한 자유를 손에 넣은 것이다.

아버지들이 흔히 그렇듯이, 우리 아버지는 그 상황을 다른 시각으로 보셨다. 아버지는 자녀들을 더없이 사랑하면서 동시에 더없이 보호하는 분이셨다. 그날 내가 데나, 로리, 데비, 크리스티, 조나 등과 함께 신나는 방학 계획을 떠들면서 집으로 돌아오자 아버지는 나를 앞에 불러 놓고서 단호하게 말씀하셨다.

"절대로 안 된다. 네가 상처를 입는 것은 둘째치고 내가 더 많은 상처를 입을 것이다."

아버지는 내 친구들이 아직 믿을 만한 운전자가 못 된다고 생각하셨다. 그래서 가을에 고등학교에 진학할 때까지 절대로 친구들이 운전하는 차를 타고 놀러 가선 안 된다고 못박으셨다.

나는 가슴이 무너져내리는 것을 느꼈다. 닭똥 같은 눈물이 뺨을 타고 뚝뚝 떨어졌다. 아버진 단순하게 딸의 안전만을 생각하실 뿐 그밖의 것은 보시지 못하고 있었다. 하지만 난 볼 수 있었다. 그 길고 소중한 여름날들을 혼자서 집 안에 처박혀 외롭게 보내야 하는 내 자신의 모습이 눈에 선했다. 서러움이 목까지 차올랐다. 나는 십대의 아이들이 생각할 수 있는 유일한 논리, 이를테면 "아빠, 그건 공정치 못해요." 라든가 "하지만 아빠, 다른 아이들은 다 가잖아요." 같은 주장들을 동원해 아버지를 설득하려고 해 보았다. 언제나 그렇듯이 그건 아무 소용이 없었다. 아버지는 이미 법안을 통과시킨 뒤였다. 친구들과 함께 놀러가는 것이 완전히 금지된 것은 아니었지만, 친구들의 엄마가 우리를 차에 태우고 갈 경우에만 허락이 떨어졌다.

열여섯살이라는 것이 어떤 것인가를 이해한다면, 새 운전면허증을 가진 십대 소녀들 중에 과연 얼마나 많은 아이들이 엄마가 운전하는 차를 타려고 할 것인가도 잘 알 것이다. 그것도 단지 아랫 동네에 사는 엄격한 집안의 소녀와 함께 가기 위해서 말이다. 물론 단 한 명도 없었다. 나는 그저 친구들의 얼굴이라도 볼 양으로 뙤약볕 아래 집 앞 잔디밭에 나와 앉아서 〈세븐틴〉 잡지를 읽는 척하고 있었다. 내가 얼마나 외로운가를 눈치챘다면 친구들이 엄마 차를 빌려 타고 횡 하니 지나가기 전에 잠시 멈춰서서 한 마디 말이라도 걸 것이라고 난 생각했다. 하지만 그런 아이는 거의 없었다.

물론 아버지의 명령을 거역할 수도 있었다. 몰래 집을 빠져나와 친구들과 함께 차를 몰고 돌아다닐 수도 있었다. 하지만 난 그렇게 하지 않는 쪽을 선택했다. 그 여름날을 나는 실망과 실의에 차서, 친구가 전부를 의미하는 나이에 친구들로부터 부자연스럽게 떨어진 채로 홀로 보내야만 했다.

하지만 고난의 세월은 그만큼의 보상을 받는다는 것을 난 그 여름에 배웠다. 때로 천사는 용감하고 슬픈 얼굴에 감동받는다. 내게 구원의 손길을 내밀어 준 천사는 바로 도로시 고모였다. 그 여름의 어느날 고모에게서 걸려온 전화 한 통화가 나의 모든 걸 바꿔 놓았다.

도로시 고모는 시보레 자동차 대리점의 경리과에서 일하고 있었다. 큰 고모 도로시와 작은 고모 캐더린은 젊었을 때 뉴멕시코 동부에서 가장 아름다운 처녀들로 손꼽혔다. 나이를 먹어감에 따라 고모들의 아름다움은 얼굴에만 있는 게 아니라 내면 깊은 곳에서 나온다는 것이 뚜렷해졌다. 도로시 고모는 둥근 갈색 안경을 쓰고 물결치는 금발머리에다 늘 환한 미소를 머금고 다니셨다. 그녀는 항상 사랑하는 마음으로 주위 사람들을 대했기 때문에 그녀 옆에 있으면 누구나 자기 자신에 대해 더 나은 느낌을 갖지 않을 수 없었다.

고모는 전에는 내게 전화를 한 적이 한 번도 없었다. 하지만 그날 고모는 내게 전화를 걸어 여름 방학 동안 자동차 대리점 일을 도와 주지 않겠느냐고 물었다.

그해 여름, 교사이신 엄마가 아침마다 나를 차에 태우고 고모의 회사까지 태워다 주었다. 그래서 나는 도로시 고모와 그녀의 비서들인 크레올라, 소냐, 린과 함께 일하기 시작했다.

그 여성들 모두 내게 너무도 잘해 주었다. 아침마다 그들은 내 옷을 칭찬해 주고, 내가 아침으로 초콜릿 도너츠를 세 개나 먹으면서도 여전히 날씬한 몸매를 유지하는 것이 미워 죽겠다고 눈을 흘기곤 했다. 일주일쯤 지났을 때 크레올라는 내가 언제나 노래를 흥얼거린다고 말했다. 그 말을 듣고 나는 내가 잘못한 줄 알고 노래 부르는 걸 멈췄다. 하지만 그들은 다시 노래를 부르면서 일하라고 성화였다. 대부분의 많은 어른들이 일하는 동안 노래 부르는 걸 두려워한다고 그들은 말했다.

또한 그들은 운명이라든가 종교, 정치와 같은 무거운 주제에 대해 내가 어떻게 생각하는가를 알고 싶어했다. 그들은 언제나 내 얘기에 귀를 기울여 주었다. 크레올라, 소냐, 린은 내가 운전 면허증도 갖고 있지 않은 어린 나이라는 것에 그다지 신경쓰지 않았다. 나는 내게 맡겨지는 어떤 일이라도 해냈다. 그 결과 그들은 나를 신뢰했다.

나는 자발적으로 열심히 일했다. 무거운 서류 상자를 들고 좁은 계단을 올라다녔으며, 온갖 정리 안 된 서류들로 가득한 먼지 낀 캐비닛을 청소했다. 나는 또 어른들이 일하는 방식을 배웠다. 서류를 넘길 때 호치키스에 손톱이 부러지지 않도록 교묘히 손가락을 구부리는 법, 물품 구입서 용지를 흡입관에 집어넣어 다른 부서로 보내는 방법을 배웠으며, 또 어떤 판매사원이 누구와 연애를 하고 있는가를 놓고 수다 떠는 법도 배웠다.

그중에서도 가장 신나는 일은 일과를 마친 뒤에 타자기를 갖고 놀면서 혼자서 타자 치는 법을 배우는 일이었다. 나는 장차 작가가 되려는 꿈을 갖고 있었기 때문에, 아버지는 내게 타이프 치는 법을 배우는 것이 매우 중요하다고 말씀하셨다. 나는 멋지게 디자인된 시보레 자동차 회사의 서류용지를 타자기에 끼우고 서투른 솜씨로 이런저런 문장들을 타이핑하곤 했다.

〈나의 이름은 자나 리 스탠필드입니다. 별들이 내 머리 위에서 반짝입니다. 나는 다시는 아침식사로 닭다리를 먹지는 못할 것입니다.〉

도로시 고모는 종종 나를 데리고 점심을 먹으러 갔다. 우리가 가장 좋아하는 장소는 뭐니뭐니해도 쌍둥이 크로니였다. 쌍둥이

크로니가 무엇인지 내게 묻지 말라. 내가 말할 수 있는 건 그곳이 차를 탄 채로 주문을 하는 식당이고, 커다란 간판에 먹음직스런 핫도그 두 개가 춤을 추며 그려져 있었다는 것이다.

우리는 감자 튀김과 텍사스 토스트와 함께 큰 상자에 담긴 후라이드 치킨을 주문했다. 고모의 차에 앉아서 점심을 먹으며 우리는 중요한 대화들을 나눴다. 이를테면 1943년에는 고등학교가 어떠했는지, 죠 고모부가 전쟁에서 어떻게 폐 한쪽을 잃었는지, 그리고 고모의 딸인 내 사촌 주디는 왜 그토록 일찍 결혼해야만 했는지 하는 것들이었다. 이따금 내 친구들이 잔뜩 차에 올라타고 그곳에 들르곤 했다. 나 역시 그들과 어울리고 싶긴 했지만 나는 내가 일을 하고 있다는 것이 자랑스러웠고, 또 도로시 고모가 내 친구라는 것이 자랑스러웠다.

그 여름이 끝나갈 무렵 나는 학교에 입고 갈 옷들을 살만큼 충분한 돈을 모았다. 나는 작은 꽃이 수놓인 티셔츠, 세 가지 색상의 헐렁한 바지, 가느다란 허리띠 등을 샀다. 고등학교에 입학하기 며칠 전에 나는 머리를 〈세븐틴〉 잡지에 나오는 여학생들처럼 짧게 잘랐다. 우리 여학생들에게 있어서 헤어 스타일의 갑작스런 변화는 곧 인생의 변화를 상징한다는 것쯤은 누구나 알고 있으리라.

나는 정말 좋은 의미에서 다른 느낌을 갖고 고등학교 생활을 시작했다. 전보다 더 나이를 먹었고, 강해졌으며, 더 자신감이 생겼다. 가장 놀라운 일이 일어났다. 내 생애에서 최초로 나는 학교에서 가장 인기 있는 학생이 되었다. 가까스로 운전면허증도 땄으며, 동창회 임원과 학생회 간부로 선출되었다. 그 다음에는 반에서 실시된 설문조사에서 학생들이 가장 좋아하는 아이로 뽑혔다. 내가 보낸 그 고독한 날들 이후에 찾아온 너무도 뜻깊은 영광이었다.

십대 여학생의 생활이 어떻게 흘러가는지 잘 알 것이다. 그 여름 이후에 나는 도로시 고모를 별로 자주 만날 수 없었다. 고작 일 년에 한두 번씩 고모의 사무실에 들러 고모와 함께 쌍둥이 크로니로 프라이드 치킨을 사먹으로 갔을 정도였다. 크레올라와 소냐와 린은 그 초콜릿 도너츠들이 마침내 내 몸매를 망쳐 놓기 시작했음을 알고 만족해 했다.

내가 대학을 졸업했을 때, 도로시 고모와 죠 고모부가 나를 축하해 주러 졸업식장에 오셨다. 도로시 고모는 휴가 여행에서 산 아름다운 금팔찌를 내게 선물했다. 팔찌가 들어 있는 상자 안에는 팔찌보다 훨씬 더 소중한 선물이 들어 있었다. 조그맣게 접혀 있는 그것은 낡고 때묻은 시보레 자동차 회사의 서류 용지였다.

〈나의 이름은 자나 리 스탠필드입니다. 별들이 내 머리 위에서 반짝입니다. 나는 다시는 아침식사로 닭다리를 먹지는 못할 것입니다.〉

그로부터 6년 뒤 나는 내슈빌(컨트리 음악의 본고장)에서 살고 있었다. 싱어송 라이터로 일하고 있었지만 별로 성공을 거두지 못하고 있었다. 그때 나는 도로시 고모가 암 진단을 받았다는 소식을 들었다. 고모는 암과 용감하게 싸웠으며 아름다운 금발 머리를 잃는 것을 혐오했다. 하지만 뻣뻣한 금발 가발을 쓰고서도 따뜻한 미소를 잃지 않았다.

내가 고모를 마지막으로 본 것은 크리스마스 때였다. 그 얼마

전에 나는 사촌 주디에게서 전화 한 통을 받았다. 도로시 고모가 곧 돌아가실 것 같지만 그래도 아직 전화를 받을 기운이 있으니 나더러 작별 인사를 하라는 것이었다. 주디는 내게 도로시 고모가 입원한 뉴멕시코에 있는 병원의 전화번호를 알려 주었다.

전화번호가 적힌 쪽지를 손에 들고서 나는 누군가 사랑을 갖고 해 주는 아주 작은 일이 우리의 삶에 매우 큰 변화를 일으킬 수 있다는 것을 생각했다. 그날 도로시 고모에게 전화를 거는 일은 나로서는 가장 고통스런 일이었다. 나는 고모에게 내가 얼마나 고모를 사랑하는가를 말했다. 내가 누군가 필요했을 때 내게 손길을 내밀어 준 것에 대해 나는 고모에게 감사드렸다. 또 고모가 주위 사람들에 대해 언제나 좋은 점만을 보아 준 것에 대해 감사드렸다. 나는 전화를 끊고 싶지 않았다. 그 순간이 영원히 계속되기를 나는 바랐다. 아예 시간이 멈춰 서서 우리가 옛날로 돌아가 고모와 함께 더 많은 시간을 보내고 싶었다.

도로시 고모와 나는 마지막이 될지도 모르는 작별 인사를 했다. 고모는 내게 말했다.

"난 널 사랑한다. 그걸 알고 있니?"

나도 말했다.

"저도 고모를 사랑해요."

그리고 나서 나는 전화를 끊었다. 텅 빈 아파트 안에 내 흐느낌만이 채워졌다. 친절한 마음씨로 우리의 삶을 채워 주고는 고맙다는 인사를 하거나 그들이 우리에게 얼마나 중요한 존재였는가를 말해 주기도 전에 우리 곁을 떠나가 버리는 모든 아름다운 사람들에 대해 나는 생각했다.

그로부터 이삼 주일이 지난 어느 외로운 일요일, 〈만일 내가 그걸 알았더라면〉의 가사들이 눈물이 펑펑 흐르는 가운데 내 안에서 흘러나왔다. 나는 아직 노래 가사의 멜로디에 익숙하지 않았기 때문에 미완성인 그 가사를 내가 아는 가장 재능이 뛰어난 작사가인 크레이그 모리스에게 가져 가서 그것들을 다듬어 멋진 가사로 만들어 달라고 부탁했다.

내가 열다섯살이었을 때 도로시 고모는 내 삶을 바꿔 놓았다. 그리고 그것과 똑같은 방식으로 또다시 〈만일 내가 그걸 알았더라면〉으로 내 삶을 바꿔 놓은 것이다.

그것이 비를 맞으며 걷는 우리의 마지막임을 만일 내가 알았더라면
나는 폭풍 속에서도 몇 시간이나 당신을 지켰으리.
내 가슴에 연결된 생명줄처럼
당신의 손을 잡았으리.
그리고 폭풍 아래서 우린 따뜻했으리.
그것이 비 속에서의 우리의 마지막 만남임을 만일 내가 알았더라면.

다시는 당신의 목소리를 듣지 못하리라는 걸 만일 내가 알았더라면
난 당신이 말하는 모든 것을 전부 기억했으리.
그래서 이 고독한 밤에 그것들을 다시 한번 추억할 수 있으리.

당신의 말들이 내 마음속에서 계속 살아 있게 했으리.
다시는 당신의 목소리를 듣지 못하리라는 걸 만일 내가
알았더라면.

당신은 내 가슴의 보석이었네.
당신은 언제나 내 곁에 서 있던 사람이었네.
그것을 깨닫지 못한 채 나는 어리석게도 당신이 영원히
그곳에 있을 것으로 믿었네.
그러나 어느날 내가 눈을 감고 있는 사이에
당신은 내 곁을 떠나갔네.

그것이 당신 곁에서 보낸 나의 마지막 밤이었음을 만일
내가 알았더라면
나는 기적이 일어나 새벽을 멈추게 해 달라고 기도했으
리.
그리고 당신이 내게 미소지었을 때
당신의 두 눈을 오래도록 바라보았으리.
당신에 대한 나의 사랑이 언제까지나 계속되리라는 걸
당신에게 알게 했으리.
만일 내가 알았더라면, 만일 내가 알았더라면.

내 사랑을 보여 주었으리
만일 내가 알았더라면.

레바 멕켄타이어가 비행기 사고로 숨진 자신의 뮤직 그룹 동료들을 추모하며 이 노래를 취입했다. 그 이후 이 노래는 세인트 주드 아동 병원의 자선 모금 운동, 십대 청소년들에게 음주의 위험성을 교육하는 데 필요한 기금 마련 운동에 사용되었다. 그리고 에이즈 환자에 대한 관심과 애정을 불러모으는 데에도 이 노래가 불리워졌다. 헤아릴 수 없이 많은 장례식에서 이 노래가 불려지고 인용되었으며, 심지어 고등학교 졸업식장에서도 불리워졌다. 또한 영화 〈8초간〉의 삽입곡으로 쓰여져 대중적인 인기를 얻기도 했다. 그 결과 나는 초등학생와 중고등학생들을 대상으로 긍정적인 메시지를 전하는 순회 콘서트를 미국 전역에서 실시하게 되었다. 만일 내가 그걸 알았더라면.

자나 스탠필드

또다른 책을 만들기 위해

당신이 이 책에서 읽은 많은 이야기와 시, 그리고 인용문들은 우리가 만드는 이 시리즈를 읽고 당신과 같은 독자들이 보내 준 것입니다. 따라서 당신도 앞으로 우리가 낼 또다른 책에 당신이 알고 있는 감동적인 이야기, 시, 신문기사 등을 보내 주시기 바랍니다. 지역 신문이나 잡지, 교회 회보, 또는 회사의 사보 등에서 읽고 오려둔 이야기여도 좋습니다. 또는 친구에게서 팩스로 받은 것이거나 당신이 냉장고 문에 붙여 놓은 좋아하는 인용문이어도 좋습니다. 당신을 깊이 감동시킨 개인적인 경험이나 당신이 읽은 어떤 시라도 좋습니다.

우리는 해마다 이 시리즈의 새로운 책을 낼 계획을 갖고 있습니다. 우리는 또 불치의 병에 걸린 사람들, 절망을 딛고 일어선 사람들, 교사들, 부모들, 부부, 세일즈맨, 종교인, 여성, 십대 청소년, 운동 선수, 애완동물을 키우는 사람들, 사업가들을 위한 각각의 특별 시리즈도 계획하고 있으며 〈웃는 영혼을 위한 101 가지 이야기〉도 계획하고 있습니다.

당신이 좋아하는 이야기나 다른 짧은 글들을 우리의 주소로
보내 주십시오.

Jack Canfield and Mark Victor Hansen
The Canfield Training Group
P.O. Box 30880, Santa Barbara,
CA 93130, U.S.A.
Fax) 805-563-2945

당신이 보낸 글에 대해선 원작자를 찾아서 게재 허가를 받을
것입니다. 우리의 작업에 관심을 가져 주시는 당신에게 깊은 감
사를 드립니다.

엮은이들에 대해

〈마음을 열어주는 101가지 이야기〉 시리즈를 펴내 미국 독서 시장에서 5백만 부가 넘게 팔린 최고의 베스트셀러의 주인공 잭 캔필드와 마크 빅터 한센은 이미 그전부터 미국을 대표하는 상담자이고, 저술가이며, 세미나 강사들이다. 그들은 인간의 가능성을 키우고 행복한 삶을 창조하는 일에 평생을 바쳐 왔다. 정기적으로 〈굿모닝 아메리카〉, 〈20/20〉, 〈NBC 나이트 뉴스〉 등의 텔레비전 프로에 출연하고 있으며, 매년 1백여 곳이 넘는 단체들을 대상으로 강연을 한다. 그들의 강연을 정기적으로 듣는 회사는 〈미국 경영자 협회〉, 〈AT&T 전기회사〉, 〈캠벨 수프〉, 〈도미노 피자〉, 〈클레어롤〉, 〈G.E.〉, 〈ITT 하트포드 보험회사〉, 〈존슨 앤 존슨〉, 〈NCR〉, 〈뉴잉글랜드 전화회사〉, 〈선키스트〉, 〈버진 레코드사〉 등 유명 회사들이다.

마음을 열어주는 101가지 이야기 ③

1쇄 찍음 1997년 6월 16일

1쇄 펴냄 1997년 6월 20일

엮은이 잭 캔필드·마크 빅터 한센

옮긴이 류시화

펴낸이 고석

펴낸곳 도서출판 이레

편집 책임 김성한/ 편집 정순녀

마케팅 책임 채영진

출판등록 1995. 6. 8. 제 5-352호

주소 110-290 서울 종로구 인사동 170번지 동일빌딩 604호

전화 02)738-8087~8/ 팩시밀리 02)738-8089

ISBN 89-85599-08-9 03840